JN065387

今からでも間に合う！

会社人生

「55歳の壁」突破策

大塚 寿
Otsuka Hisashi

はじめに――ポジティブな気持ちで60代以降を考えられるために

◉定年前後のネガティブ情報が多すぎる

「冗談じゃない……」

55歳で役職定年、65歳まで再雇用といっても、事実上は60歳で定年、新入社員並みの年収で再雇用という待遇。それを人事部の若手から事務的に告げられた時、50代半ばのTさんが飲み込んだ言葉です。

会社人生も「終わり」が近づき、事実上の「戦力外通告」である役職定年がモチベーション・クライシスの深刻な原因にもなっている55歳……。

「65歳までの雇用が維持されているといっても、実質は60歳で定年、その後は再雇用という現実で、年収は新入社員並み……。かといって、いまさら転職にも踏み切れないし、ましてや起業など……」といったモヤモヤが、「55歳の壁」の正体です。

この壁を突破できるか否かは、その方法を知っているかどうかが大事なのですが、知っている人だけが得をする裏技が意外に多い現実をご存じでしょうか？

「ズルい」とは思いませんか？　知っている人だけが得をするなんて……。


会社人生と定年後の人生設計は、ゲームのルールが異なります。人生100年時代、私たちは少なくとも70歳までは仕事を続けるでしょう。

同じ会社で再雇用を選ぶ人もいれば、別の会社に転職する人もいる。起業したり、Uターンして別のことを始めたりする人もいるでしょう。

まさに十人十色で、なかなかロールモデルを探すのが難しい場合もあるはずです。

ネットで検索すれば、様々な情報があふれ出ますが、自分にピッタリで核心的な情報にはヒットしないという向きもあります。


そして何より、ネガティブな情報が多すぎる……。オンライン・メディアも雑誌も読まれてナンボなので、どうしても、より読者の目を引く「こんなはずじゃなかった〜」

系の見出しで危機感を煽る記事を優先させるわけです。

それを真に受けた読者もブルーになって、どんどん委縮していくというネガティブ・スパイラルが起こっているように思えて仕方がありません。

◉「ズルい」方法、具体策、裏技をすべて開示！

その流れに抗い、迷っている人、悩んでいる人、決め切れないで悶々としている人に元気になってほしいとの願いから、本書は企画されました。

ポジティブな気持ちでみなさんが60代以降を考えられるように、本書は、その「ズルい」方法まで含めて、具体策、裏技をすべて開示していきたいと思います。


これまで、高校受験、大学受験、就活、結婚、出産、育児、子育て、教育、転職、（離婚）、闘病、死別と様々な悲喜こもごものストーリーを歩まれたと推測します。

希望が叶ったこと、叶わなかったこと、挫折したこと、ガッツポーズで喜びを爆発させたこと、背中を震わせて泣いたことなどが年輪として刻まれて、今のあなたになっているのでしょう。

「禍福は糾える縄の如し」ではありませんが、ホント、人生は良いこと、悪いことのひっきりなしの連続です。

◉これからがあなたの人生のクライマックス

そして今、あなたは「定年退職」という大きなライフ・イベントを迎えようとしています。「禍福は糾える縄の如し」が人生だと分かっていればこそ、「終わり良ければ全て良し」という、右肩上がり感のある定年退職後の人生を迎えてほしいと切に願います。

そこで本書では、1万人インタビューに基づく「55歳の壁」の突破策、どちらにするか迷った時の処し方、その正攻法、裏技もひたすらポジティブに紹介していきます。

55歳以降の人生設計に寄り添い、励まし、エールを送り続けます。

転職、起業の正攻法、裏技も、それぞれ1章を充てて解説しているので、参考にしてください。

そして何より、今からでも十分に間に合うことを伝えたいと思います。

さあ、これからがあなたの人生のクライマックスです。もちろんハッピーエンドですが、どんなシナリオにしますか？

■あなたは大丈夫？　「55歳」後悔度チェック

□定年後については、まだ白紙。
□「年金2000万円問題」は正直、不安。
□社外の人間関係は広くない。
□特に得意分野と言えるものはない。
□スカウトや転職の誘いを受けたことはない。
□もう新しいこと、慣れない仕事はしたくない。
□リスキリング、新しいスキルはできれば避けたい。
□起業なんて特別な人の選択肢だと思う。

チェックの数が5つ以上の人は、「後悔する人」予備軍。今すぐ、手を打とう！

2023年7月

大塚　寿

今からでも間に合う！
会社人生「55歳の壁」突破策

目次

第1章 「55歳」以降が重要な理由 19

第4章 「55歳」からの趣味・暮らし

第5章 ハッピーなセカンドキャリア（ハッピーワーク）〜転職編〜 145

編集●白石泰稔
装丁●柿木貴光

第1章

「55歳」以降が重要な理由

01 「55歳の壁」とは何か？

本書の98％は、あなたにとって希望の持てる明るい内容になっています。しかし、この「55歳の壁」についてだけは、50代にとって、よくある暗い話をしなくてはなりません。例外的に前提の共有ということで、冒頭の01〜03だけは愉快でない内容であることを、お許しください。

◉「役職定年」は事実上の「戦力外通告」

令和の時代、ビジネスパーソンにとって「55歳」は事実上、最大の節目となる年齢なのではないでしょうか。

そう、「役職定年」です。企業によっては「役職定年」自体がなかったり、あっても部長や課長という役職ごとに対象年齢を変えていたりするケースも散見されます。

しかしながら、「55歳」を「役職定年」とする企業が一番多いに違いありません。

この「役職定年」は、後進に道を譲る合理的な制度ではありますが、対象者にとっては事実上の「戦力外通告」であり、モチベーション・クライシスの深刻な原因になっています。役職手当がなくなるので、年収は2割から3割は下がりますし、企業によっては年収が半減してしまう場合すらあるのです。

8割が「課長」にすらなれない令和の時代、管理職でない人に「役職定年」は意味がなさそうに聞こえますが、役職のない55歳にとっても年収ダウンや戦力外通告的なことが起こっています。

子会社や取引先への転籍、閑職への異動だけでなく、**退職金を割増す「早期定年制」も、そのターゲットは50代です。**

要はコストパフォーマンスが一番悪いのが50代ですので、会社としては、人件費を抑制するために、50代をできるだけ減らしたいというわけです。

「だったら、他の会社に転職」としたいところですが、退職金を割増しても50代の社員に辞めてほしい企業が50代を採用するはずがありません。

年収が一番高いのが50代になりますから、正規の転職市場では相当な年収ダウンを飲んでも、希望する転職は難しいのが現実です。

「シニア転職」「50代の転職」と検索しても、出てくるのはネガティブな記事ばかりで、たまにある明るい「ハイクラス転職」の事例は、今の自分ではマネのできないプロフェッショナル50代の例外的なお話に思えてしまうのではないでしょうか。

◉「パフォーマンスの落ちたシニア」に見られていないか

さらに気になるのが、55歳前後のビジネスパーソンの何割かを象徴する「パフォーマンスの落ちたシニア」という表現です。

この表現、シニアに強い転職エージェントでも、50代の社員の上司でも、50代の採用を決める人事部長、プロジェクト・マネージャーの話にも必ず出てきます。

ネット用語の「妖精さん」や職場の若手が用いる「仕事をしないおじさん」は極端な例に違いありませんが、「30代、40代の時のようには働けない」と自分を甘やかしてしまったり、「若いころに十分やったから」と仕事のスキルのアップデートを怠ってしまったりといったことはあり得ます。

場合によっては「燃え尽き症候群」的なことや、積年の会社や組織への不満が、周りからは「パフォーマンスを落としたシニア」に見えてしまうのかもしれません。

あるいは、親の介護や熟年離婚で家族に振り回されて疲弊してしまい、仕事どころではなくなってホントに仕事のパフォーマンスを落としてしまうシニアも、この目で見てきました。

このように役職定年、事実上の戦力外通告、年収ダウンにもかかわらず、転職も難しく、ただでさえ周りからは「パフォーマンスを落としたシニア」と評価されるリスクと常に向き合わなければならない現実が、「55歳の壁」です。

1980年代以前であれば、この55歳が定年だったからか、「55歳の壁」など存在せず、そのままリタイア生活に入れば済んだ話です。ところが、現在はどうでしょうか？

人生100年時代、まあ90歳まで生きるとして、**「55歳の壁」以降もこれまで働き続けた期間をこれから生きていく**のです。例の、年金だけでは不足する「2000万円問題」もあります。

65歳定年、70歳までの定年延長努力目標といっても、事実上は60歳で定年、65歳までは再雇用ながら年収は新入社員並みというのが大勢ですから、60歳以降をどうするかを考え始めるのも定年がリアルになる55歳というわけです。その億劫（おっくう）さを「55歳の壁」と感じる人もいるはずです。

POINT

「55歳の壁」とは役職定年、事実上の戦力外通告、年収ダウンにもかかわらず転職も難しいという55歳に立ちふさがる障害。

02

55歳からは自分勝手でいい

会社や組織の都合で役職定年、事実上の60歳定年、早期定年を押し付けられるなら、55歳からは自分勝手でいい。これまで十分に宮仕えをしてきたのだから、このタイミングで、人生の主導権を会社や組織から取り戻す動きを始めよう。

◉何も悪いことはせず、まじめに働いてきたのに……

55歳が直面する役職定年、戦力外通告、早期定年制のターゲット、年収ダウン、転職さえままならない……と、これだけネガティブ要素を並べられると、誰だって不安を持つでしょう。

これまで会社や組織のために滅私奉公、長時間労働も転勤も単身赴任もいとわず、「それが当たり前」と思って前向きにやってきて30年あまり、最後の最後に、なぜそんな冷たい仕打ちをされるのかと。

何も悪いことをしていないどころか、まじめに、しっかり働いて、それなりの成果を上げてきたはずなのに、なぜ……。

本来であれば潤沢な退職金をもらい、年金だけで悠々自適な定年後の生活が送れるはずと、漠然と予想していたのに……。

逆に、60歳の事実上の定年から65歳の年金支給年齢までの5年間をどうするか、65歳からの年金の不足分をどう補うか……などを、50代のうちから準備しなくてはいけない時代になってしまったのです。

これは、あなたのせいではありません。日本が成長期から成熟期に移行してしまった結果の不可抗力に違いありません。

◉組織優先の発想はやめて、必要なら会社と交渉する

では、そんな時代を生きるあなたは、どうすればいいのか？

私は、**「55歳からは自分勝手でいい」**と提唱したいと思います。

だって、会社も組織もあなたのことをそんなに必要としていないのなら、それでいいではありませんか。

スキルやこれまでの実績や貢献にもかかわらず、一律55歳になったら役職定年って、よく考えるとおかしいと思いませんか？　退職金や将来もらえる年金額もどうでしょうか？これまでの働きに見合っていますか？

何か全部、会社や組織の都合だなぁ、とは思いませんか？

ですから、55歳からは自分勝手でちょうどいいのです。宮仕えは、55歳までで十分です。もっと言うと、「会社都合」には「自分勝手」で対応した人のほうが、その後はハッピーになっている気がしてなりません。

なので、是非、あなたなりの「自分勝手」を考えてほしいと思います。

誤解されないように補足しておきますが、会社や組織に「自分勝手」な態度で臨めと言っているのではなく、もう組織優先の発想はやめて「自分が心地いい環境」を最優先させて、以後の人生を計画して、必要があれば会社と交渉してほしいのです。

現にAさんは役職定年、定年退職を経た現在でも、担当していた顧客の工場のシステム設計の仕事を、ずっと続けています。給料はかつての顧客からもらっているわけですが、出身企業と顧客の間に入って、それぞれ自分で交渉して70歳となった今でもずっと、その仕事を続けています。

関連会社への出向という慣例を「自分のスキルが発揮できないから」と直談判して、本社に戻してもらった人もいれば、さらに一歩進めて、「品質アドバイス部」という会社のためになるたった一人の部署の立ち上げを提案して、実現した人もいます。

若手への技術の承継に一役買うどころではなく、悩みや相談の受け皿となり、重宝されている人もいます。

◉「会社人生」の上手な終わらせ方の第一歩

もちろん、あなたのスキルやキャリア、勤務先の職種や企業風土にもよると思いますが、規定ラインに従うのではなく、あなたなりの「自分勝手」の発想から、まずはあなたにとっても、会社、組織にとっても、Ｗｉｎ―Ｗｉｎになる選択肢を考えてみましょう。

会社や組織としては大っぴらにしたくないので公表していないだけで、実際にそうした例というのは散見されるものです。

あなたも、「自分勝手」という選択肢を持ち、同時に「交渉の余地」を探っておくことです。「前例がないから」で一蹴されないように、会社にとっても魅力的、もしくは検討に値する道を考えてみるのです。

私が「自分勝手」を提唱するのは、55歳からは人生の主導権を会社や組織から自分に取り戻す期間であると考えているからです。これは「組織人デトックス」と言ってもいいでしょう。

誰も教えてはくれない「会社人生」の上手な終わらせ方の第一歩が、「自分勝手」になることだと、まずは共有しておきたいと思います。

POINT

長年、組織の中で生きていると自分の人生や自分に関してのことには「思考停止」状態になっているので、まずは「自分勝手」の思考回路を取り戻すところから始めよう。

03

55歳以降がホントの人生

これまでの「会社人生」にたとえ不本意なことが多かったとしても、
実は、それはリハーサル。
55歳以降がホントの人生なので、
リハーサルでの傾向を振り返りつつ、本番に備えよう。

◎自分の「本意：不本意比率」は何：何？

あなたの「会社人生」は、最初に思い描いた通りのものになりましたか？

山あり、谷あり、良いこともあったし、眠れないくらいに理不尽で、とんでもないことにも遭遇したといったところでしょうか。

会心の仕事の手ごたえも経験されたでしょうし、組織や職場の人間関係、顧客、家族に振り回されたこともあったでしょう。

あなたは、何がやりたくて今の会社や組織に入ったのですか？

そもそも、その初心を覚えていますか？

やりたいことが実現しましたか？

それらを全部ひっくるめて、あなたの本意が満たされたのか、逆に不本意と感じることのほうが多かったのか、そのバランスはどんな感じでしょうか？

「会社人生」が１００％「自分の本意」になることは考えにくいとは思いますが、肌感覚で構わないので、自身の「本意：不本意比率」をはじき出してみましょう。

なぜ、もうやり直しができない「会社人生」の終盤戦に、全体を振り返る必要があるのでしょうか。仮に「本意：不本意比率」が２：８だったとしても、今さらその数字を逆にすることなんてできないのに……。

それは、**これまでの「会社人生」を断ち切ってほしい**からです。「会社人生」はもう終わりで、これからあなた自身の「ホントの人生」が始まるので、その区切りをつけ、「ホントの人生」をより良いものにするために、いったん振り返りをして、あなたの傾向を知っておきましょう――ということです。

もっと分かりやすく言うと、これまでの「会社人生」はリハーサルで、55歳以降が本番、55歳以降がホントの人生ということです。リハーサルは練習試合と同じで、様々な欠点や弱点が表出しますから、それらを修正して本番に臨みましょうという意味合いなのです。

◉辻堂魁さんの「ホントの人生」は定年後から始まった

リアルな例を紹介しておくと、これはある出版社の社長から直に聞いた話ですが、人気時代劇小説家、辻堂魁さんは60歳で定年退職してから初めて時代劇小説を書いたそうです。そもそも、作家志望だった辻堂さんは同人誌でも芽が出ず、その道を挫折、小さな出版社で定年まで過ごしました。しかも、時代劇に興味があったわけでも、時代劇のジャンルで勝負しようと思っていたわけでもありません。

ただ、時代劇文庫ブームとなり、職業柄、「時代劇小説の書き手不足」「時代劇ドラマの脚本家不足」という事実を知っていただけなのです。

これは辻堂さんの元同僚からの伝聞ですが、決して編集者として仕事ができた人ではなかったそうです。

「誰でもいいから時代劇小説を書いて」という業界事情から、定年後の暇に任せて時代劇小説を書き始めたのです。

初めての文庫書き下ろしの発売時、大阪でサイン会が企画され、その記事がたまたま朝日新聞で紹介された結果、ヒットして今日の地位にまで登り詰めたわけです。

どう考えても辻堂魁さんは、定年退職後の人気小説家としての人生が「ホントの人生」で、小さな出版社での**「会社人生」はリハーサルだった**のではないでしょうか。

◉「間に合う」どころか「むしろ、これから」

さて、ここでは分かりやすいように辻堂さんの例を紹介しましたが、55歳からでもまだ全然間に合うどころか、「むしろ、これから」ということがお分かりいただけたでしょう。

年収が急激に下がる事実上の定年が60歳だったとしても、**55歳ならまだ5年も準備期間があるの**です。「間に合う」どころの話ではありませんので、まずは安心してください。

「定年」という文言を使うと、給与生活者だけのことと思われがちですが、開業医や士業といった自由業のみなさんも、55歳という年齢は事業承継をどうするのか、これからの人生を意味あるものにするためにどうするか——を考え始める年齢になります。

これからの人生を意味あるものにしようとする点では、給与生活者と何ら違いはありませんので、同じように読み進めていただければと思います。

POINT

55歳からでも、まだ全然間に合うどころか「むしろ、これから」。

少子化が進むと、若い人を採用できない中小、中堅企業が続出

今の会社の定年後も、年金の不足額2000万円も不安に思う必要などまったくない。マスコミ報道を鵜呑みにする前に、自分たちに有利な外的環境の変化を押さえておこう。

さあ、ここからは日本経済にとってはともかく、これから55歳を迎える人にとっては明るい話をしていきましょう。

この30年間、「少子高齢化」というキーワードは日常的にどこでも見聞きしてきたと思いますが、実は**この少子化があなたのこれからの人生には大きな意味を持つ**のです。「労働人口の減少」というのはフワッとした言葉ですが、現実的にはこれだけ少子化が進んでしまうと、新卒を採用できない中小企業、中堅企業が続出してしまうのです。

要は、シニア層を雇用しないと会社が回らないのです。

すでに、仕事があるにもかかわらず、働き手がいなくて事業を拡大できないどころか、縮小せざるを得ない業種がどんどん増えています。

私はリクルートの出身ですので、仕事上、そのあたりの需給バランスの生情報はタイムリーに入ってきますが、コロナ禍の3年を経て、人手不足の深刻度には拍車がかかっています。


今年（2023年）の3月末に息子が引っ越しをしたのですが、繁忙期のため費用は跳ね上がり、そもそも使ったことのある業者はすでに満杯、やっと見つけた中堅の業者はドライバーも作業員も、日本人ではありませんでした。

親切でしたし、何の不満もありませんが、正直、日本人ゼロというところに採用の深刻さを実感しました。

そういえば、ガレージの電気工事に訪れた業者も中国人でしたし、新卒で現業を選ぶ若者が減っている現実を肌で感じました。

◉運輸、飲食業界の深刻な人手不足

業種によっては、採用時に面接に来た人を選考することなどできず、全員を採用しても3カ月後には全員辞めてしまう職場もあるくらいです。

運送業界に至っては、ドライバーの定年退職もさせられないくらいにドライバー不足で、そこに残業規制がスタートする**「2024年問題」**によって、3割の荷物は運べないと言われています。

飲食業界も、3年間に及ぶコロナ禍のために問題は先送りされた感がありますが、とにかくスタッフが集まらず、電子決済や配膳ロボットだけでなく、ロボット調理器によって人手不足に対処する動きになっています。

テレビに登場するロボット調理器をつくっているのはリクルートの後輩の会社で、一緒にゴルフをしたこともありますし、電子決済の会社は中学、高校の後輩の会社なのでよく話を聞きますが、とにかく飲食業界の人手不足は限界まで来ており、**今後も人は集まらないという前提で事業設計**しているそうです。

◉雇用の需給バランスがシニアには追い風に

人手不足の象徴として、ここでは運輸、飲食業界を紹介しましたが、同じように介護、医療、建設、土木、美容、農林漁業、サービス業なども深刻です。

IT化、自動化、ロボット化といっても限界があります。

だからといって、「こうした業界が狙い目だから転職しましょう」と言いたいのではありません。

加速化する少子化に政府も産業界もついていけておらず、労働市場の需給ギャップは外国人労働者や技能実習生だけではとても解消しきれないので、労働力不足はますます深刻度を増していきます。

すると、どうなるか。極端な供給不足になるわけですから、**継続的にシニア層を活用するしかない**わけです。供給不足ですから売り手市場になって賃金水準も上昇するでしょう。

今は、60歳で定年、65歳までの再雇用ということで新入社員並みの収入に減らされてしまう制度かもしれませんし、さらには、これまでのスキルがほとんど活かせないような関連会社や子会社への転籍になってしまっているかもしれません。

しかし、新卒が採用できず、中途でも30代、40代が採用できない中堅企業、中小企業をピンポイントで狙っていけば、そのまま残るより好条件で、これまでやってきたことが活かせる仕事を得る可能性があるのです。

その具体的な方法の数々を本書で紹介していきますが、ここではまず、雇用の需給バランスがあなたにはかなりの追い風になってくるという事実を押さえておいてください。

POINT

急激に進行してしまった少子化によって、労働市場に極端な需給バランスが生じていることが、逆にシニアにとっては強力な追い風となる。

05 現在の60歳は半世紀前の40歳くらい

平均寿命が劇的に延びたことにより、現在の60歳は半世紀前の40歳となっている。にもかかわらず、人生設計のアップデートがまったく追いついていない！

◉平均寿命が延びると「老人」の定義も変わる

私が2歳の時、祖母は61歳で亡くなっています。なので、まったく彼女の記憶はありません。遺影やその他の写真を見るかぎりは典型的な「おばあちゃん」で、母によれば晩年は足を引きずって歩いていたそうです。入れ歯でしたし。

ですが今、私がその61歳なのです。周りの同世代で祖母のような姿の知人は一人もいません。

孫がいる同級生や同期はたくさんいますので、「ばあば」とか「じいじ」とか呼ばれているでしょうが、見た目は「ばあば」でも「じいじ」でもありません。

さすがに髪の毛が薄くなったり、体形が変わったりということはあっても、「老人」には見えない……。

「初老」という表現さえ、誤りに思えてしまいます。

平均寿命がこれだけ延びると、65歳から74歳までを前期高齢者、75歳以降を後期高齢者と規定している「老人」の定義も、現実にそぐわない気がしてなりません。

今日、老人に見える65歳がいるでしょうか？

下手をすると70代でさえ、「老人」には見えないどころか、とても元気に活動されています。平日の都内のゴルフ場のレストランを見回すと、平均年齢は70歳を超えているように見えます。

この令和の時代、65歳からが老後ということに、とてもリアリティが持てません。

ならば、人生90年として、現在55歳とすれば、**死ぬまでの30年～40年をどう過ごせばいいのでしょうか？** 30～40年といえば、もう1回ビジネス人生をやり直せる長さです。

◉「第二次働き盛り」をどうするか

結局のところ平均寿命からすると、現在の60歳は祖母の時代の40歳くらいに違いありません。平均寿命が20年延びたということで、かつての定年が55歳だったとすると、75歳くらいまでは働き、75歳も「老後」とは考えにくいので、その後の**85歳くらいからを「老後」**

としたほうが、フィット感があるのではないでしょうか。
75歳くらいから85歳までは、それこそ「前期老後」ということで。

となると、問題は55歳以降にやってくる「第二次働き盛り」をどうするかです。

これまでの時間軸で考えてしまうと、会社人生の終盤を迎えていると思ったら、ピークはまだまだ先と分かった瞬間に気持ちが萎えてしまう人もいるでしょう。

私は高校、大学と登山部だったので、合宿中に何度も似たような体験をしています。朝、暗いうちに起床し、20kgを超える重いリュックを担ぎ、ひたすら斜面を登っていくのですが、頂上だと思っていたところに到着すると、頂上はまだ先どころか、もう二山、三山越えた遥かかなたが頂上だったりするのです。

「えーっ、頂上じゃなかったのか……」と気づいた時のガッカリ感は、半端ではありませんでした。

◉60歳以降は「余生」ではなく「本番」

会社人生も、それと同じかもしれません。60歳の定年がゴールと思って働いてきて、「定年後をどうするか」どころか、自分の退職金の額や年金額も知らずに、ただ目の前の忙しさにかまけて過ごす……。

やっと55歳の役職定年や50代半ばでのセカンドキャリア研修に参加して、真剣に定年後を考えなくては……という機運になる。

しかし実際は、そうした機運にはなるものの、具体的アクションを起こす人は稀です。

みなさん流されているわけではないですし、定年後に不安を抱えているにもかかわらず……。リタイア後にその期間のことを後悔し、自嘲気味に「漂流」と形容した諸先輩もいました。

そうならないためには、60歳以降は「余生」などではなく、むしろこれからが「本番」だというマインド・チェンジをできるだけ早く行うのが非常に大事なことです。

その時に、60歳以降に「大好きだったこと、やってみたかったこと、夢だったこと」をやってみようと思えればなおさらいいですし、特にやりたいことがなければ、「できること」で何か活動してみようとする。

そのように人生設計されている人たちが、その後の人生を謳歌しているという事実も、まずは共有しておきます。

POINT

60歳以降を「余生」などと考えず、むしろこれからが「本番」というスタンスで、自分勝手な人生計画を立てよう！

55歳を迎える人に武器を持たせたい

世の中は、知っている人だけが得をするようにできている。なので、本書では、そうした方法、裏技、ズルい方略、人生後半からの逆転法則を余すところなく、暴露し、機会の平等を図りたい。

◉某女性経営者から30代の時に受けたアドバイスを実感

30代になったばかりの頃、営業先の女性経営者に「大塚さん、人間は50代以降が勝負よ」と諭(さと)されたことがありました。

どうやら同窓会があったようで、30代の頃は、一流大学を出て有名企業に入社した人が同窓会の場を仕切り、幅を利(き)かせていたようですが、50代になったら、そうした人はみな萎(しぼ)んでしまったと……。一線から外れたとか、出世できなかったということでしょう。

逆に、50代で会を仕切り、輝いていたのは、かつての負け組と思われていた面々で、「この人、大丈夫かしら」と思われていたような人たちだったそうです。

まさに大逆転で、そうした同級生たちが、経営者や介護施設の理事長になって活躍されていたそうです。

その雑談の結論は**「50代以降に輝かなきゃダメ」**というものでした。

当時は、まだ30代になったばかりでしたし、「そんなものか」と若干、他人事のように受け止めましたが、40代になった頃から、彼女のアドバイスの現実味がどんどん増幅されてきたのを覚えています。

◉「1万人インタビュー」を継続して得た結論

彼女も、私のライフワークとなった「1万人インタビュー」の中の1人ですが、こうしたアドバイスを30代になったばかりの頃に聞けた自分はラッキーだったと思います。

リクルート時代の先輩や上司だけでなく、営業の雑談がてらに様々な業種の経営者、大手企業の部課長、役員たちに、生き方、処し方、仕事術、失敗談などを片っ端から聞きまくってきました。

現在まで、そのインタビューはずっと継続していますが、ここまでの結論は**「世の中は、知っている人だけが得をするようにできている」**ということです。

ホントのようなウソの話とウソのようなホントの話が入り混じるなかで、誰の話を信じるかで、その後の人生が決まってしまうのだと痛感します。

その1万人インタビューには、知っている人だけが得をする裏技、真実が分かってしまったら「それ、ちょっとズルい」と周りからは評価されるような方法が、たくさん登場しました。例の「ここだけの話〜」というものも。

転職エージェントの門を叩くことなく、中小企業の役員や社外取締役、監査役に収まる人がたくさんいることをご存じでしょうか？

そこまでのレベルでなくても、自分のスキルが活かせ、まあ納得できる報酬を70歳くらいまで得ることができたら、どうでしょうか？　不安は小さくなりませんか？

私は、そのための武器をあなたに持たせたいのです。

◉裏技、ズルい方略、人生後半からの逆転法則

定年退職者の多くは、これまでの自分のスキルを活かせる仕事をやりたいと考えています。再雇用となっても、最悪、そのスキルを活かせる職場であればいいのですが、まったく異なる職場で年収も新入社員程度であれば、より良い条件を求めて転職も考えるでしょう。

その際、どうすれば最適の転職先がすぐに見つかるかを知っているかどうかも、重要なはずです。

本書では、そうした方法、裏技、ズルい方略、人生後半からの逆転法則を余すところな

く紹介していこうと思います。

もちろん、「60歳で定年退職して別の道を進むか」「65歳までの再雇用を選ぶか」、あるいは、「プライドを大切にするか」「プライドなんてどうでもいいか」といった二項対立の選択肢についても「本人の価値観による」だけで済ますことなく、双方のポジティブ面を紹介していきます。

みなさんが、これからの人生をより良くするための参考になれば幸いです。

また、多くの諸先輩がアドバイスするように、**頭で考え始めるのは「早め、早め」がオススメ**ですので、大きな決断はしっかり準備したうえで行動に移しましょう。

POINT

人生後半戦を豊かに過ごすかどうかは、その方法を知っているか否かに大きく左右される。その方法を知って、自分らしい人生の収穫期を実現しよう！

第２章

今からでも間に合う「55歳の壁」突破策

01

55歳からのリスキリングで十分60歳定年に間に合う

「やりがい搾取」「足元を見た有利な雇用契約」、つまり安く買い叩かれる状況から逃れるためのリスキリングは、55歳からで十分間に合う！しかも5年あれば、いろいろなことが習得できる!!

◉会社に足元を見られ、安く買い叩かれないために

定年延長といっても、多くは60歳で定年、65歳まで再雇用というパターンが最も多いのではないでしょうか。

70歳までの就業機会の確保が努力義務となりましたが、こちらも再雇用が前提で、50代の年収のまま70歳まで雇用されるわけではありません。

60歳でいったん定年退職し、新入社員並みもしくはそれ以下に引き下げられた年収や時給1200円程度での再雇用を、65歳からさらに70歳まで確保する努力義務というわけです。

雇用確保という意味では、もちろん悪い制度ではありませんが、問題は年収です。

60歳となり制度上は定年退職し、再雇用として65歳まで同じ職場で働けるものの、立場としては「嘱託」で非正規雇用、年収は半減どころか新入社員並みになったにもかかわらず、仕事の量は60歳前とほとんど同じという人も少なくないのです。

大きな声では言えませんが、**「やりがい搾取」**と言われても仕方ないような……。

「やりがい搾取」というより、むしろ**「足元を見た有利な雇用契約」**と言ったほうがいいかもしれません。安く買い叩かれているというわけです。

ですので、会社に足元を見られない、有利な条件で再雇用契約をせざるを得ない状況をつくり出すか、再雇用を断って自力で再就職できるだけのスキル武装をしておくことを強くオススメしたいのです。

●普通にできることの守備範囲を広げよう

定年後も再雇用後も、みなさんはできれば、自身のやってきたことやスキルが活かせる仕事を望んでいます。当たり前のことです。

しかしこの時、特殊なプロフェッショナル領域でないかぎりは、「できること」が多ければ多いほど、トランプや麻雀の「役」と同様に、**人材としての価値が上がる**のです。ですから、普通にできることの守備範囲を広げましょう。

そこで念頭に置いてほしいのが、今はやりのリスキリングです。リスキリングというと、何かＩＴ業界の専売特許のようですが、もちろん、それ以外の領域を含めた広い範囲のイメージです。

ここで強調しておきたいのは、**55歳からスタートしても60歳の定年までの5年間があれば十分間に合う**ということです。

20代、30代の頃に比べれば、新しいことを習得するのに必要な時間は余計にかかるようになっているかもしれませんが、逆に経験値は高まっています。

しかも「キントーンを習得する」ではなく、「エクセルの欠点を補うためにキントーンのスキルを身につけ、セールフォースではできなかった営業管理帳票を作成できるようにする」という背景を知っていればこそのリスキリングのテーマ選びが肝心です。

「プログラミング」「応用情報技術者」「社労士」といったリスキリングのメニューを見かけますが、私のリスキリングのイメージはもっと実務に寄ったところで、業際、つまりは自身の積み重ねたスキルの隣の領域のスキルを学び直しましょうというスタンスです。

例えば、人事畑の出身であれば、経理のスキルを身につけるために会計システムを使いこなし、決算までできるようになるということですし、逆にＩＴ技術者にはアカウント・マネジメントの一環として、営業や折衝のスキルを習得してほしいと思います。

基本、どんなに苦手でも、50代、60代になっても、時間をかければ何でもできるようになります。もっと言えば、必要に迫られれば、オンラインツールも会計ソフトも短期間で習得できるものです。

◉アナログで会計嫌いの私でもマスターできた

私も典型的なアナログおじさんですが、コロナ禍がスタートした時の5月には必要に迫られてZoom、Teamsをマスター、6月に営業研修はグループに分かれたロールプレイングを含めて、すべてオンライン対応していました。

また、私の専門は法人営業、マーケティング・マネジメントになりますが、50代でのリスキリングという意味では必要に迫られ、50代で会計ソフトを一つ習得しました。

ちなみに、私は会計が生理的に大っ嫌いで、大学での簿記の成績はC、ビジネススクールでコストアカウンティングは落第して再履修したほどです。

そんな私でもマスターできたのですから、守備範囲を広げるためのリスキリングに励みましょう。

POINT

何のためのリスキリングかの背景を読んで、自分の価値がさらに上がるリスキリングのテーマを選択しよう。

02 「老後2000万円問題」をむしろポジティブに活かす

「老後2000万円問題」については一瞬、切実に受け止めるのはいいとしても、不安を感じたり、心配したりすることは一切ないので、むしろポジティブに受け止めてほしい。

◉給与生活者特有の問題に違いないが……

2019年に行われた金融庁の金融審議会「市場ワーキング・グループ」の報告書によって「老後に毎月約5・5万円の赤字が生じ、30年間にすると約2000万円不足する」と発表され、全世代に衝撃を与えました。

高齢夫婦無職世帯の実収入は、平均毎月20万9198円。実支出は、平均毎月26万3718円のため、平均毎月赤字額は、5万4520円というわけです。

ちなみに、高齢夫婦無職世帯というのは、夫65歳以上、妻60歳以上で、世帯主が無職の世帯のことを指すそうです。

あくまでモデルケースですので、誰にでも当てはまるわけではありませんが、〝老後に必要な生活費は夫婦2人で「月額平均22・1万円」、ゆとりある生活をする場合は「月額平均36・1万円」〟といいますから、この2000万円不足問題はあまりにリアルです。

現在では、毎年送られてくる「年金定期便」によって、自分がもらえる年金がザックリと分かるので、住宅ローンや子供の教育費によって貯金や運用まで手が回らなかった多くの人たちには、「老後2000万円問題」は切実な問題として映ったはずです。

ですが、この2000万円問題については、一瞬、切実に受け止めるのはいいとしても、**不安を感じたり、心配したりすることは一切ない**ので、むしろポジティブに受け止めてほしいのです。

前提として、この2000万円問題というのは、給与生活者特有の問題に違いありません。そもそも、年金不足どころか零細企業の経営者や自営業者は2000万円程度の借金なんて普通ですし、返済の目途がつかないケースも少なくありません。ただ定年もないので、70代になっても、80代になっても働き続けることはできますが。

◉「あなたらしく生きる」ための計画を

しかし、こうした経営者や自営業者と比較して、給与生活者の定年退職者のほうが圧倒的に恵まれていると思います。

なぜなら、定年前に２０００万円を貯めるのかどうかも自己決定できますし、逆に貯めることができなかった場合、68歳まで、あるいは70歳まで働くこともできますし、徹底的に節約に努めることもできます。それらをすべて**自分の意思で決定することができるのは、ありがたいこと**です。

だいたい自己決定できることが、会社人生の中でどれだけありましたか？　せっかく自分で決められるのですから、チャンスと思って是非とも55歳から計画をスタートさせてほしいと思います。

その計画は「老後２０００万円問題をどうするか？」といった縮小均衡的なものでなく、「あなたらしく生きるためには～」というポジティブ・シンキングで、まずは臨んでほしいのです。

「あなたらしく生きる」ためには、ゆとりある生活をする場合の『月額平均36・1万円』以上必要なら月額40万円とか、月額50万円以上の手取り収入」が可能な仕事を見つけるか、自身で始めるのです。もちろん、複数の仕事の兼業で構いません。

その数々の具体策については、後の章で丸々解説します。

「月額平均22・1万円」程度でいいなら、65歳以降も働けば、年金と合わせて簡単にクリアできるだけでなく、完全リタイアした時のための貯金もできるはずです。

義兄は地銀を定番通り60歳で定年退職、65歳まで雇用延長で、その後は国の出先機関の嘱託として69歳となった今も週4日働いています。

週4日というのがミソで、平日に1日フリーの日があると、病院に行ったり、用事を済ませたり、趣味に充(あ)てたりして、ワーク・ライフ・バランスに最適なようです。地方都市でさえ、こうした仕事があるのですから、大都市圏はもっと恵まれているはずです。

ガッツリ稼ぎたい系の人は、年金月額と給与月額の合計が47万円を超えると厚生年金部分が減額されてしまうので、その場合は支給を繰り下げるなどの対策が必要になりますが、そのあたりになると2000万円問題は気にならなくなるはずです。

POINT

定年後の計画は「老後2000万円問題をどうするか?」といった縮小均衡的なものでなく、「あなたらしく生きるためには〜」というポジティブ・シンキングで臨む。

03 自身のキャリアの棚卸し、自己分析をし、60歳以降の方向性を決定

職務経歴書、自身のモチベーションのアップ、ダウンの傾向を振り返ったうえで、①得意なこと、②褒められたことのあること、③好きなこと、をリストアップし、どんな武器を持って、どこに進むのかのイメージを固めよう。

◉選択、準備を開始する適齢期が55歳

さあ、ここからは「55歳の壁」を突破する具体的な話になります。

60歳以降、定年退職後、そのまま雇用延長を選ぶのか、別の会社に転職するのか、はたまた起業や開店をするのか、その選択、準備を開始する適齢期が55歳だからです。

まあ、ホントはもっと早くてもいいのですが、タイミング的には役職定年となるターゲット年齢の55歳くらいがちょうどいいと思います。

役職定年というのは、「後進に道を譲れ」という戦力外通告に等しいのですから、プロ・アスリートの「自由契約」同様、宮仕えもここまでという意味に等しいのではないでしょうか。「ラインオフ」「ポストオフ」と呼ばれるくらいですから。

ただ、年収もピークを迎えているために、その年収の高さから、なかなか転職先も見つからないので、役職手当がなくなってもそれなりの報酬が約束されているなら、定年まで残るのが得策ということになります。

問題は、定年後の再雇用のタイミングです。60歳以上は、年収は良くて3割減、半減は普通で、新人社員並みや以下、時給1200円程度まで引き下げられます。しかも、週5日勤務で副業禁止が一般的なのではないでしょうか。

しかも業務の内容が「これまでと同じ」というのは、人によっては「やりがい搾取」と感じてしまうでしょう。

そこで、他の選択肢がなかったり、まったく準備してこなかったりしたために、そんな悪い条件を甘受することのないよう、会社と交渉するとか、他の企業にもっとましな条件で転職するとかの準備を、55歳からスタートさせてほしいのです。

●キャリア戦略を確定するために

まず、やってほしいのは、**あなたのキャリアの棚卸し**です。

具体的には、自分を客観視できるように、自分用の職務経歴書を3ページ以上でつくってみましょう。

次に、「もっともやる気に満ちて仕事をしていた時」、逆に「もっともやる気を失ってい
た時」を思い出して、それぞれ、誰とどこで、どんな仕事をしていた時か。
そういう気持ちになったエピソード、その時に大切にしていたことをそれぞれ比較する
ことによって、あなたのモチベーション・リソースや傾向、逆にモチベーションを落とす
時の背景や傾向を客観的に自己分析してみましょう。

その次は、職務経歴書や「やる気の比較表」などを振り返りつつ、

①得意なこと
②褒められたことのあること
③好きなこと

を、できるだけ多くリストアップしてください。この①～③があなたの「強み」であり、
60歳以降の人生を切り拓く武器となりますので、最重要マターと言ってもいいでしょう。
絶対的強みとか絶対優位ほどのレベルではなく、比較的強いレベルで考えるのがコツです。

①～③が思い浮かばない場合は、④として「できること」や「比較的できたこと」で代
替してください。

さて、ここまではあなたの「過去」、あなたがどう進んできたかの振り返りでした。そして、
現在の立ち位置まで来たわけですが、次は「どこに向かって進むのか？」です。これまでは、

ある意味、会社の指示や命令、辞令に従ってそのレールの上を進めばよかったはずです。

しかし、事実上の戦力外通告、自由契約後ですから、これから「どこに向かって進むのか」は、あなた自身が決めなくてはなりません。

その時の足元を照らしてくれるのが、先の①得意なこと、②褒められたことのあること、③好きなこと、になります。

この①〜③のいずれかがあなたの「強み」だとすれば、それをどういう領域や分野（戦略ドメイン）で発揮したいかを決めれば、あなたのこれからのキャリア戦略の完成です。

転職するのか、自身で起業するのかといったことはその次に決めればいいことであって、まずは、キャリア戦略の確定からスタートしましょう。

POINT

自身の「強み」をどういう領域や分野（戦略ドメイン）で発揮したいかを決めれば、キャリア戦略は完成する。

04

「仮のゴール」を定める

定年後の選択肢が多すぎて、なかなか決断できずに、結局、そのまま再雇用を選択するくらいなら、「仮のゴール」を定めて、「とりあえず〜」と準備を始めたほうが、後悔しない定年後となる。

◉人間は「仮」であれば決められる

正直、「60歳定年後の人生設計をしましょう」とセカンド・キャリア研修やこうしたビジネス書で促されても、明確なアイデアがあるケースのほうが稀(まれ)に違いありません。

仕事や家族のことで忙殺されていて、自身の定年後のことなどゆっくり考える時間など取れなかったという弁も多いようですが、その本質は結構、「会社人生だったために、自分のこととなると、思考停止になってしまう」ということだったりするのです。

その周辺には「別に、定年後にこれといってやりたいことなどない」「この歳になって、リスクなど冒(おか)したくない」「もう、気力も体力も限界……」「ちょっと、ゆっくりしてから考えたい……」と漂流しているような人も散見されます。

しかしながら、かつてそう漠然と何か思っても何もせずに定年を迎え、何となく流れで再雇用を選んでしまった諸先輩は、〝50代半ばに、もう少し定年後について計画して行動しておけばよかった〟と後悔しているのです。

別に本人は漂流したかったわけでも、学生時代のようにモラトリアムを楽しみたかったわけでもなく、要は、**いろいろな選択肢がありすぎて、決め切れなかった**というのが正直なところでしょう。

一方、同じような場面で、漂流を回避できた人の共通点の一つに、「仮のゴール」を設定していたということがあります。

「仮」というのは意外に大切で、人間は「仮」であれば決められるのです。これは意思決定のためのテクニックかもしれません。

職場でも、よくあるでしょう。「とりあえず〜」というアレです。

「仮」が逆に決断を促すのです。

70歳まで働くのか、65歳からは遊びたいのかも、「仮」なら決められるのです。

例えば、一番分かりやすいのは、「定年後、遊びたいなら60歳から」という先人たちが遺した格言のように、「60歳の定年以降は遊びたいので、一切仕事はせずに遊ぶ」という決断です。

これはかなり難易度の高い意思決定ですが、テニスでも、ゴルフでも、海外への自由旅行でも、まだ体力もあり、気力も残っている60歳からのほうが楽しめるということから来ています。

年齢とともに脂っこい食べ物とか冷たい物に弱くなりますし、部分入れ歯も食事を楽しむ邪魔になります。

◉市井のサラリーマンでも60歳から遊べる？

そもそも経済的に60歳から遊ぶことが許されるかも含めて、これは大きな決断だと思います。

大きい意思決定だとしても、「仮」であれば決められるようです。

ちなみに外資系化粧品会社の幹部だった家内の叔父は55歳で早期定年退職を選択、再就職はしませんでした。上場益などのキャピタルゲインがあったわけではありませんが、遊ぶことを選択したのです。

何をしていたかというと、ずっとテニスです。

定年後に始めたテニスですが、スクールに入って毎日練習しているうちに上達して、結局、そのスクールのインストラクターになってしまいました。

そのバイト代が遊びの資金源、という生活を続けていました。年金と預貯金が生活費だったのでしょう。

こう言ったら叔父には失礼ですが、市井のサラリーマンであっても60歳から遊ぶという選択肢があるのだと、多くの後進に伝えたいくらいです。

ところが、この話にはオチがあって、50代後半から60代まではテニス三昧（ざんまい）ではあったものの、途中からは息子が離婚してしまったため、結局、三人の孫育てとテニスを両立させる日々となってしまいました。

孫も大きくなって手が離れ、83歳となった今でもテニスは続けているものの、同世代のテニス仲間の中には、スコアが数えられなくなってしまう人も出始めているそうです。

よく、麻雀は点数を数えるから脳トレになるという向きもありますが、テニスの場合、脳トレにはならなくても、体にはいいでしょうし、**プレイ自体が楽しければそれで十分に**も思えます。

POINT

55歳になったら「仮のゴール」を定めて、とりあえず定年後の人生設計をしてみましょう。

05 自分を「マイナーチェンジ」する

「50代になったら、性格なんて変わらない」というのは正論ですし、事実に違いありませんが、自分を定年後仕様につくり変えたほうがベターと考えるなら、マイナーチェンジという発想がオススメ。

◉「やってみようか」という一歩目を踏み出すために

先日、ビジネススクールの同級生とのゴルフがあり、ラウンドの待ち時間や昼食時間に、同伴者に本書の取材をしていました。

55歳で部長を役職定年、60歳で定年となり、まったく別の組織の役員となっている62歳のBさんに、現在の55歳へのアドバイスを求めてみました。

すると間髪置かずのコメントは、**「社外の人間関係を大切にしておくこと」**でした。しかも、社外で同じような仕事をしている人との。

「55歳と言わず40代からもそうだけど……」という補足付きではありますが、55歳からでも十分間に合うという意味で、「社外の人間関係なんて、学校の同級生ですら付き合いがない人でさえ大丈夫」という文脈です。

私もこれまで、50代向け、40代向け、30代向け、20代向けのビジネス書を、1万人インタビューを元に書いてきましたが、全方位人脈を築くために社外人脈をつくる時期、ポジティブなエネルギーを与えてくれる人とだけ付き合う時期、年下との人間関係を大切にすること、などを提唱してきました。

ところが、こうした発信側の提唱はどんなに豊富な裏付けや経験があったにしても、受信側には、「言っていることは、正論かもしれないが、そもそも人間関係自体が苦手」とか「社外の人間関係を築く機会もきっかけもない」と反射神経的に反応してしまう人もいるでしょう。

要は、「できないこと」を正論として主張されても、金縛りにあってしまったかのようになるか、困惑するか、場合によっては「自分に寄り添ってくれてはいない」と、興味や関心が一気に冷めてしまうかもしれません。

そんな時に使ってほしいのが、定年後の人生に向けて、自分をマイナーチェンジするという発想です。

半世紀以上生きていれば、生き死ににかかわるような経験や、異文化での生活をしないかぎりは、「人の性格は変わらない」と察するでしょうが、行動や習慣なら工夫によって変えられることも知っている人が多いのでないでしょうか。

「性格や行動を変えろ」というのもハードルが高すぎて自分事にはなりにくいかもしれませんが、フルモデルチェンジではなく、原型を残したままのマイナーチェンジ程度なら、「やってみようか」という一歩目が踏み出せるのではないでしょうか。

◉冒険的な非日常体験を一人で行うという手も

よく中学から高校に進学するタイミングで「キャラ変」する人がいますが、ちょうどそんな感じです。中学までは内向的でいじめられやすいキャラだったのが、高校からはリーダーシップのとれる明るい子に変わったり、スポーツや勉強で頭角を現したり、まったく別のキャラに、いい意味で変質するように。

固定化した人間関係が変わるタイミングで、キャラ変というモデルチェンジを試みるのは、賢く生きるスキルに違いありません。

フルモデルチェンジより難易度が低いですし、定年後のこれからを生きる「自分」につくり変える第一歩として、マイナーチェンジという発想をオススメしたいと思います。

当然、マイナーチェンジを続けるのもアリです。

万々が一、それでも変われないと思うなら、冒険的な非日常体験をたった一人で行うという手もあります。

日帰りで構わないので、一人で小旅行をしてみる、山に登ってみる。それこそソロキャンプで自分と向き合うのもいいでしょう。

非日常の中で活動することによって、思考回路もアップデートされるでしょうし、自然の中に身を置くことによって心身が初期化されるのかもしれません。

要は、マイナーチェンジしやすい環境づくりからまずは行動に移してみようという話です。

POINT

定年後をより意味のあるものにするために、自分の何かを変える必要があるなら、マイナーチェンジという発想が実現可能性を高めてくれる。

06

「これがチャンス」だと自分が気づくこと

誰にでも人生には3回か4回、大きなチャンスがある。このチャンスが活かせるかどうかで人生が大きく左右される。では、どうすれば「これがチャンス」と気づくことができるのだろうか?

◉自分が気づかないことには何も始まらない

前項で「社外の人間関係を大切に」「年下との人間関係を大切に」ということに触れましたが、55歳以降の人生においてチャンスをくれるのは大概、社外の人か、社内の年下の人間だったりするのです。

定年後にそうした社外の人のツテで転職したり、技術顧問や社外取締役などに収まったりするケースは、非常に多いものです。

だいたい、50代になると社内には自分を褒(ほ)めてくれる人などいなくなります。多くは褒める側になっていますから、当然ではありますが。

褒めてさえもらえないのですから、黙っていたら社内でチャンスをもらえることなど「ない」に等しいでしょう。

「機会均等」ではありませんが、誰にでも人生には3回か4回、大きなチャンスがあるといわれます。

そのチャンスをつかめるかどうか、そのチャンスに決断できるかどうかの前に、そもそも「これがチャンス」だと自分が気づけなければ、それはなかったことになってしまいます。自分が気づかないことには何も始まらない、というわけです。

よく**「チャンスの神様には前髪しかない」**というギリシア神話のカイロスという神の話が使われます。

これは、カイロスの髪型は前髪が長く、後頭部は禿(は)げており、後ろ髪をつかもうとしてもつかめないことから、チャンスはすぐにつかまなければ、後からつかむことはできないという意味で用いられます。

すぐにつかむには、それがチャンスだと自分が気づかなければ始まりません。

ところが、会社員の場合はキャリアが長くなると、どうしても会社人間特有の「思考停止」という職業病が慢性化し、その影響からチャンスに対して鈍感になってしまい、チャンスに気づけないような事態に陥っていることがあります。

●気づけるようになる5つの方法

では、**どうすれば「これがチャンス」と気づけるようになるのでしょうか？**

ここでは5つ紹介しておきたいと思います。

①「チャンス」と気づけるように自ら種をまく

これは、あなた自身のブランディングになりますが、あなたが何に強い人か、何ができる人か、何がやりたい人なのかを普段から周りに発信し続けてください。

その中の何かが相手のニーズに合致すれば、それがチャンスとなるというわけです。

②アンテナと「チャンス」への意識を高く

55歳、あるいは50代になったら「チャンス」をつかむ意識を意図的に高くしてほしいと思います。意識を高くすることにより、非常に弱系（じゃくけい）の「チャンス」までキャッチできるようにするためです。

アンテナもより高くして、遠くの人からのメッセージもキャッチできるようにしておきましょう。信念が道を拓（ひら）くというより、信念があるからチャンスに気づけるということもあるので。

③「筋の良し悪し」を見極める

「チャンス」と思って食いついたら毒饅頭だったというのは、よくある話です。毒饅頭は「チャンス」の対極ですので、ホントに「チャンス」なのかどうかを見極める必要があります。

よく「筋の良い話」「筋の悪い話」という言い方をしますが、誰からの話なのか、どういう背景なのかから、「チャンス」なのか否かを判断するようにしましょう。

④プラスの兆しが感じられるか

「筋が良さそう」でも、ホントに「チャンス」なのか迷う場面も少なくないと思いますが、そんな時はその話に「プラスの兆しが感じられるか」、つまり自身の強みやキャリアが活かせそうだとか、成長市場の右肩上がり感などを決め手にする方法があります。

⑤リスクとリターン

最後にリスクとリターンになりますが、現実的なリスクとしてそのチャンスに乗ったとして、あなたを邪魔する人はいないでしょうか。

最後の最後は、人が最大のリスクとなることが少なくないので、そのあたりも気にかけておきましょう。

POINT

会社人間特有の「思考停止」という職業病は、5つの対処法で、「チャンス」に気づけるようになる。

07 5年早く計画に移す

50代、60代ともなると、関節痛、腰痛、五十肩、歯周病といった、大きな病気ではないけれど、定年後の楽しみを奪ってしまう生活習慣病がどんどん表出してきます。楽しみを奪われないためには、5年早く計画に移すことを実践しましょう。

◉できていたことが、できなくなってしまうリスク

1万人インタビューの中で、「定年後を後悔しないために10年先を読んで、今、行動すべき」というアドバイスが少なからずあったのですが、ちょうど先日も、65歳になったご夫妻もそこを強調されていました。

何でも、還暦の記念に計画していたパリ、バルセロナへの旅行が奥様の股関節の手術のために直前にキャンセルせざるを得なかった経験があるそうで。

ヨーロッパへの旅行だけでなく、人工股関節になってしまったおかげで、やはり楽しみにしていた屋久島への旅行も断念せざるを得なくなりました。

材木関係のお仕事だったようで、夫婦で樹齢3000年にもなる屋久杉を見たいという

ことで、ようやく時間ができて計画したにもかかわらず……。

普通に歩ける時に行っておけばよかった、と後悔されているのです。

あと5年早ければ、何の問題もなく実現できたというわけで……。


ついつい私たちは、「定年になったら〜」とか「子供が学校を卒業したら〜」とか「年金暮らしになったら〜」とか楽しみを先延ばしにしがちですが、加齢とともに普通にできていたことが、できなくなってしまうリスクを抱えています。

50代以降は、関節痛、腰痛、五十肩、歯周病といった軽症でありながら、ゴルフ、テニス、登山などの余暇や外食を思いきり楽しめなくしてしまうような障害に突発的に見舞われるのです。

30代の頃、同級生の父親とゴルフをした時に「60代になると、もう脂っこいものなんか食べられなくなるから、若いうちにたくさん食べといたほうがいいよ」なんて言われたものです。

その時は「オヤジになると、そんなもんか、でも若いうちは金がなくて、食べられないけど……」くらいにしか考えませんでした。

歯についても、リクルートの6年上の先輩が部分入れ歯になった時、「部分入れ歯は絶対オススメできへん」と力説していたので、迷わずインプラントにしました。

私の場合は、歯ぎしりが原因で50代以降に2本インプラントにしましたが、最初のインプラントを入れてくれたかかりつけ歯科医師は、それこそ50代で突然急逝してしまったという笑えない体験もしました。

◉前倒しで行動したほうが後悔しない人生になる

ゴルフも腰痛持ちや五十肩の同伴者がホントに多く、ロッカーでコルセットをつけていたり、コルセット型のベルトでプレイしたりしている人が身近にいます。

ゴルフ場のロッカーで腰にコルセットを巻きながら「大塚さん、年を取っていいことなんか一つもないよ……」とボヤいていた一回り上の知人も、それでも毎週ゴルフをしています。

かく言う私も腰痛で整形外科に通院し、各種ストレッチで治療中ですが、ゴルフは止めるどころか、どんどん回数を増やそうと企んでいるくらいです。

75歳となった今が一番健康という知人もいるのですが、先々の健康状態を見据えても、55歳で65歳を先読みして、前倒しで行動したほうが後悔しない人生になると諸先輩は口を揃(そろ)えています。

10年先を読んで、今、行動するという諸先輩の後悔からのアドバイスを、**楽しく生きるスキル**として是非、取り入れてみましょう。

55歳からは「○○になったら」という先延ばしではなく、前倒しを心がけましょう。「5年早く計画に移す」ということをルール化してしまえば、やることとスケジュールが明確になるのではないでしょうか。

55歳からは後回しではなく、前倒し、前倒しを心がけましょう。

第３章

二項対立をポジティブに比較する

01

55歳で早期退職か、留まるか

役職定年とともに早期退職すべきか、定年まで留まるか？
割増退職金、企業年金といった条件だけでなく、
「あなたのスキル×キャリア×人間関係×
夢（やりたいこと）×望む収入」で決断しましょう！

◎定年まで会社に留まったほうが「得」という向きも

役職定年を55歳と定めている企業は多いのですが、**役職定年とともに退職が頭をよぎる人も少なくありません。**

要は、事実上の戦力外通告というのも癪（しゃく）ですが、それ以上に役職定年後、年下の上司に使われるのが気に入らないのです。

いっそ、役職定年後に関連会社や取引先に転籍になったほうが職場の人間関係を引きずらないので、まだましですが、今度はそれまでのキャリアが活かせるかどうかという懸念もあります。

役職定年後は部長から部下のいない部付部長というラインオフの役職となったり、年収も3割ダウン程度となったりする企業が多いのですが、早期定年制の割増退職金がなければ、そのまま60歳の定年時まで残る人のほうが多いはずです。

しかしながら某新聞社のように、割増退職金の額がその時の年収の半額を10年間保証して7000万円以上ともなると、やりたいことがある50代は迷うに違いありません。

数年前の某百貨店の早期定年制の退職金の上乗せ額も最大5000万円だったといいますから、通常の退職金と合わせて7000万円程度になったそうです。

退職金が7000万円ももらえるなら、役職定年と同時に早期定年を決断する人も出てきそうですが、会社にしがみついてでも定年まで会社に留まったほうが経済的には「得」という向きもあります。

◉最初に直面する二項対立の選択

さて、割増退職金の額によることは承知ですが、55歳で早期定年を選択するか、定年まで留まるかは、最初に直面する二項対立の選択ではないでしょうか。

悩んで早期定年制を選択する人もいれば、悩んだ末に留まる選択をする人もいる。

これを「価値観」というフワッとした言葉で決着させてしまっては、何の参考にもならないと思いますので、もう少し深堀りしてみたいと思います。

前提条件として考えておかなければならないのが、自身の「企業年金」です。1階が国民年金、2階が厚生年金だとすれば、3階部分の企業年金です。すでに解散して401Kになっていれば問題ないのですが、企業年金がある場合、早期定年してしまうと加入期間が減って、損になってしまう場合もあるので、ここは注意したいところです。

この企業年金のおかげで、某財閥系の損保OBの現在の年金額が月額40万円以上になっていたりするわけです。

企業年金の次は割増退職金の額です。こちらは先の通常の退職金に加え、5000万円から1000万円程度に収まることが多いように思いますが、これは多いに越したことはありません。

しかし、割増退職金の額だけでは決断できないと思いますので、それに加えて、「あなたのスキル×キャリア×人間関係×夢（やりたいこと）×望む収入」を意思決定の基準にしてみてはいかがでしょうか。

そもそも自身のスキルやキャリアが活かせて、人間関係も良好で、仕事もやりたいことで、収入に関してもそれほどの不満がないなら、留まるに限ります。

●スキルやキャリアに自信があれば転職は十分できる

問題は、スキルやキャリアが活かせないとか、やりたくないとか、収入が見合わない、のいずれかが看過できない場合です。

そのマイナスの部分と、割増退職金の額と、新天地での可能性を秤（はかり）にかけて決断という流れです。

他の企業に移ってもやっていけるだけの、スキルやキャリアがあるなら、55歳なら転職は十分できます。

逆にスキルやキャリアに自信が持てないなら、留まる選択をしたほうがいいでしょう。

自身で決められない場合は、シニア向けの転職エージェント3社程度の門を叩き、自身の市場価値を確かめれば、自ずとどちらの選択をすべきかが決まってくるでしょう。

POINT

「スキル×キャリア×人間関係×夢（やりたいこと）×望む収入」を意思決定の基準にして決断しよう！

02

60歳で定年退職して別の道を進むか、65歳までの再雇用を選ぶか

低収入を甘受できるなら再雇用が一番気楽だが、低収入ゆえにもっと条件のいい転職先を探そうとする。所詮「セカンド・キャリア」なのだから、起業や開店にチャレンジする人生も楽しい。

◉60歳以降は年収がドカンと減額される

55歳の役職定年時とは違って、60歳の定年退職時となると、再雇用を選ばず、退職して別の道を進む人の数がグッと増える印象があります。

私のお客様も半数とまではいきませんが、それに近い数の人たちが60歳の定年時に退職して、別の企業や組織に転職しているはずです。

よくもまあ60代になった人を採用する企業や組織があるものだなぁと思うのですが、欲しいスキルを有している人材であれば60代でも構わないのでしょう。より安価に雇用できるのが一番かもしれませんが。

一方、雇われる側は住宅ローンや子供の教育費のことを考えると、55歳の役職定年時にはリスクを冒すより年収が3割ダウンになっても、元の職場に留まることを選択した人が多かったと思います。

ところが、60歳以降は年収がドカンと減額され、新入社員並みとなったり、時給1200円レベルとなってしまったりするとモチベーションや生活が維持できないとか、そもそもそこまで低い評価をされるいわれはないと感じる人もいるでしょう。

さらに60歳ともなると、住宅ローンや教育費がすでに終わったり、目途がついたりして、55歳の時よりプレッシャーはかなり軽減しているはずです。

なので、55歳の時より、60歳で定年退職して別の道を進むか、65歳までの再雇用を選ぶかで、悩む人が多くなるのです。

実際、再雇用の年収があまりに低いので、もっともましな待遇の転職先や、年収は同程度でも、もっと魅力的な転職先というのがあるのです。

正直、この5年は65歳からの年金支給までの「つなぎ」という意味合いもありますので、**低収入を甘受できるなら、再雇用が一番気楽**なはずです。職場も仕事にも慣れていますし。

しかし、もっとやれる、もう一花咲かせたい、やってみたいことがある、チャレンジしたいことがあるという人は、それをやり切る選択を検討してみてはいかがでしょうか。

検討した結果、再雇用を選択するということも当然アリです。

もう一花咲かせる選択をオススメする理由は、その最初のチャレンジがうまくいかなくても、その次のチャレンジでみなさん、結構、何とかなっているからです。

◉「状況」の要素に照らして検討する

やはり、最後までチャレンジし続けるほうが、たった一度の人生が楽しくなるのではないでしょうか。あまりに多くの諸先輩から、そう諭されてきたので、私の場合もそう信じることにしました。

「所詮」と言っては何ですが、正直「セカンド・キャリア」なので、やり直しが利くというか、結構な数の人がやり直して、しかるべき所に収まっているという感じです。

60歳定年時に転職してみたものの、「求められていること」と「できること」のミスマッチから、すぐに退職し、その反省からミスマッチのない転職先を見つけて、そのままうまく収まるというケースです。

起業や開店も、前者は、離婚になってしまうほどの大反対がないなら、自己資金の範囲内であればチャレンジすべきです。後者は家族の協力がないと成立しないと思いますので、家族のこととして決めるのがいいでしょう。

開店も、まったくの畑違いなのに、蕎麦屋、お好み焼き屋、ダーツバーを始めた人を知っていますが、蕎麦屋、お好み焼き屋さんは繁盛していたものの、家族や加齢という事情で、数年、十数年で閉店してしまいました。

セカンド・キャリアなのですから、期限があってしかりです。

よく60歳からの転職、起業、開店については「状況が許せば〜」という話になるのですが、その「状況」というのは、「家族のこと×お金のこと×やろうとしていることの実現可能性×やりたい熱量」といった要素で成り立っているのではないでしょうか。

漠然と考えるのではなく、これらの要素に照らして、チャレンジするかどうかを検討してみてはいかがでしょうか。

POINT

起業、開店にチャレンジするかどうかは、「家族のこと×お金のこと×やろうとしていることの実現可能性×やりたい熱量」で決める！

03

プライドを大切にするか、プライドなんてどうでもいいか

超一流大学出身の超有名企業の元部長が何で警備員をやっているのか？
逆に定年して無職になっているにもかかわらず、
「〇〇商事元××部長」という名刺をつくる人もいる。
それぞれのプライドとは……。

◉「プライドなんてどうでもいい人たち」の共通点

これは、ある出版社のオーナー経営者に聞いた話ですが、80代の現役脚本家が「2時間ドラマの脚本を書いてみましたが、使えそうでしょうか？」と孫世代であろうテレビ局のプロデューサーに売り込みに行くのだそうです。

しかも、その脚本家は有名な脚本賞受賞者ですから、業界ではそれなりに名前の通っている人物なのです。

プロデューサーから「半分くらい書き直してもらえれば、何とかなるんじゃないですか」とフィードバックされ、素直に喜んでいるくらいですから、腰が低いのかプライドがないのかと知人は不思議がっていました。「そもそも80歳を過ぎて、テレビ局に自ら、売り込

みに行くか……」とも。

また、会社員系でも超一流大学の看板学部出身で、これまた超一流企業の部長として活躍していたにもかかわらず、役職定年、定年、再雇用終了後にビルの警備員や再雇用契約を途中で打ち切って、時給1200円でメーカーの入力作業に従事している人もいます。

さらには、健康のために新聞配達をしている人までいるのです。

「職業に貴賤なし」とは言いますが、かつての同級生や同期からは「プライドないの?」と言われているそうです。

ガードマンの方は大のギャンブル好きで、年金で生活しつつ、昼間は競馬、競輪、パチンコなどのすべてのギャンブルをやりたいので、夜のビル警備員の仕事がちょうどいいようです。

こうした「プライドなんてどうでもいい人」たちに共通するのは、「合目的的」というか、目的の達成が第一義のために、プライドのことなんて大したことに思えないのではないでしょうか。中には大したことに思えないなんてことはなく、多少は気にするけれど、目的達成のためならやむを得ない人もいるかもしれませんが。

◉孤独を楽しめれば「プライドが大切」でも構わない

一方、定年退職後、無職になったのち、「元○○商事××部長」といった名刺をつくったり、個人の名刺の裏に「○○大学法学部卒」と刷ったりする人がいますが、これらは「プライドが大切」な人ではないでしょうか。確かに、他人から見れば「痛い！」行為に映り、ネットや書籍で突っ込まれる定番ではありますが、周りに冷笑されようが、陰口を叩かれようが、それで本人のプライドが守られて、健全な精神でいられるなら、お安いツールだと考えることもできます。

誰にも迷惑をかけてもいませんし。

まあ、プライドを大切にすることをどう行動に表すかは人それぞれですが、「天狗にならない」かぎり、あるいは露骨にマウントをとらないかぎりは、他人がどう思おうが、目的があるなら、これも「自分勝手」でいいのではないでしょうか。

プライドが邪魔をして、周りの人が近寄ってこなくなっても、その孤独を楽しめれば、それはそれで周りに迎合しなくてもいいではないですか。

孤独が苦痛なら、またその時に、そんな自分でも気にしない人と人間関係を築いていけばいいということで。

最後に、「元○○商事××部長」といった肩書や、裏に「○○大学法学部卒」と刷る名刺より、ずっとスマートな方法をひとつ紹介しておきます。

どうせ名刺にそういうことを書くなら、名刺の裏を丸々プロフィール紹介欄にしてしまって、相手に「何をやってきた人なのか」が分かるようにしてしまうのです。

ここに出身校や出身企業の役職だけでなく、代表的な仕事や、もっと言えば仕事上の失敗談などのネガティブ情報を盛り込んでおけば、相手の顰蹙（ひんしゅく）を買うことなくプライドも満たせるようになるだけでなく、何よりあなたの人となりが相手に伝わるのではないでしょうか。

POINT

プライドなんてどうでもいい人たちに共通するのは、「合目的的」。プライドを大切にして何が悪い。「自分勝手」でいいではないか。

会社員を続けるか、起業するか（自営業、自由業含む）

60歳以降の年収300〜400万円台の再雇用で会社員を続けるか、思い切って起業してみるか。それぞれのメリット、デメリットは？

◉待遇に満足であれば起業を考える必要なし

三菱ＵＦＪリサーチ＆コンサルティング㈱の「中小企業・小規模事業者における経営者の参入に関する調査」によれば、フリーランス起業家の年齢構成は50代男性が30・8％で全体のトップ、女性も50代が22・8％となります。なお、「フリーランス起業家」とは、本調査で「本業で雇用をしていない起業家（フリーランス）」と回答した者だそうです。要は、50代、60代で起業する人が年々増えているのです。

「こんな自分でも60歳以降も雇ってくれて、月給も手取り25万円程度にはなる」と満足できるなら、起業を考えることもないでしょう。

起業を考えるのはむしろ逆で、「こんなに実績のある自分が60歳からは一律再雇用で、年収は300~400万円台なんて納得できない。なので、これまでのスキル、経験、人脈を活かして起業しても、何とかやっていけるのでは」というタイプです。

60歳という年齢がポイントで、子供がもう巣立っていたり、住宅ローンも目途がつく年回りであったりして、起業で失敗したくらいでは致命傷にはならない気軽さがあります。だから50代、60代の起業が増えているのです、全体の起業自体は減っているにもかかわらず。

では、会社員を続けるメリット、デメリット、起業するメリット、デメリットは何なのでしょうか。ここから考えてみたいと思います。

給与生活者を続けるメリットとしては、リスクなく、毎月、決まった報酬にありつけるだけでなく、会社や上司の指示によって自身の業務の範囲や内容が決められており、**何かあっても自身の責任とはならない**ことなのではないでしょうか。

また、デメリットとしては60代の給与が低いこと、仕事に見合った報酬ではないこと、逆に閑職でやりがいを感じられないことも少なくありません。年下の上司からあれこれ指示されるのを快く思わない人もいるでしょう。

◉起業は「何をやるか」「どのようにやるか」が肝心

一方、起業のメリットとしては、誰からの指示、命令も受けずに、自身の好きなことをやり、好きなだけ稼げる点です。1人起業でサラリーマン時代の2倍、3倍以上の収入を得る人もいますし、必要経費が認められていますので、**税金の面でもサラリーマンよりはるかに融通が利く**でしょう。

もちろん、デメリットもあります。最大の問題は「リスク」に違いありません。自身の目論見通りに事が運ばず、売上が立たずに経費ばかりが垂れ流しになる事態です。

自営業に限定した話ですが、独立行政法人労働政策研究・研修機構の2019年の調査によれば、55歳以降に自営業に就いた人の割合は約232万人の母数の13・5%に及ぶそうです。

よく起業成功率、失敗率の統計も発表になりますが、こちらは時期や業種によって余りに差があるので、例えば、全平均の「3年以内の失敗率が50・3%」、つまり半数は失敗するという数字にほとんど意味はないと思います。

そんな平均的なデータより、55歳からの起業、60歳からの起業の場合は「何をやるか」「どのようにやるか」「うまくいかない時の胆力」の3大要素が成否を分けるのではないでしょうか。「何をやるか」「どのようにやるか」が肝心です。

迷ったら会社員を続ければいいし、やりたいことがあるなら起業すればいいくらいに考えておくのもいいかもしれません。安定といっても、再雇用の低収入に耐えられるかというところも大きいのですが、副業、兼業可能なら収入への不満は解消されるでしょうし。

迷うなら会社員を続ければいいし、やりたいことがあるなら起業すればいい。

05 本格起業か、マイクロ起業か

マイクロ起業がローリスクで自由だからといって、本格起業の選択肢を考えないのはもったいない。業種によっては、本格起業し、軌道に乗せて事業売却し、キャピタルゲインを得ることも可能なので。

◉本格起業のリスクと利点

起業を考える場合、こちらも業種によるところが大なのですが、本格起業と1人で起業するマイクロ起業という選択肢があります。

前者はリスク大、後者はリスク小というのが一番の違いですが、前者の場合は株式公開や事業売却による莫大な創業者利益を得る可能性もあります。

私自身はマイクロ起業信奉者でしたので、リクルート退職後、その道をずっと疑いなく歩んできました。

しかし、事業売却で数億円のキャピタルゲインを得たり、リクルート上場によってかつての先輩、同僚たちが億万長者になったりしたのを目の当たりにすると、そうした選択肢も持っておくほうがいいと正直思っています。

現実的なところでは、年収５０００万円を10年続ける5億円と、上場などによるキャピタルゲイン5億円とでは、税額が全く違うのです。日本の税制では後者のほうが、残るお金が断然多いのです。ちなみに後者の税率は、20％ちょっとに過ぎませんから。

そもそも、どんな事業で起業するかによりますが、**設備投資の規模によっては、マイクロ起業は不可能で、最初から資金調達が必要な場合もある**でしょう。

ＩＴを含めた技術系のコンサルタントや、専門スキルを活かしたコンサルタント、人材系のコンサルタント、もしくは士業と呼ばれる仕事がマイクロ起業の代表的なところですが、こちらはネット環境とパソコンが1台あれば、すぐにでも始められます。

マイクロ起業の成否のキモはクライアント開拓になりますので、その細かな実務は後述します。

設備投資や複数名でのスタートや、雇用を伴う起業を本格起業とすると、こちらのリスクは、マイクロ起業とは比較になりません。

あるいは、古巣の大手ＩＴ企業のクライアントの仕事を同門の仲間と請け負うといった、設備投資はほとんどないものの、ある一定規模のスタッフを抱えた起業というのもあります。

ある欧州メーカーの日本法人の社長だったIさんは、造船所で塗装工が早死にしてしまったことを気の毒がって、定年後は欧州の天然素材の塗料や壁材の総代理店を創業し、売上10億円規模にまで育て上げました。こちらも、本格起業の一例でしょう。

また中堅商社の早期定年制に手を挙げたSさんは、割増退職金を元にサラリーマン時代から担当していたプリント基板の事業を興しました。日本で設計して中国で製造するというビジネスモデルでしたが、うまく軌道に乗せて10年ほど経営したのち、最終的には大手企業に売却、例のキャピタルゲインを手にしました。

◉双方の可能性を探ろう

マイクロ起業に関しては良くも悪くも100%自己責任ですので、人間関係で悩む必要がない自由があります。

一方の本格起業は逆に、**うまくいっても、いかなくても、他人というリスクが付きまとう**ものです。そのあたりの人間関係を煩わしく思わないとしても、「誰と」一緒にやるのか、波風立っても通常のパートナー関係が維持できるのか、などを考えたうえで決断したいものです。

複数名の組織になれば、業績や人のマネジメントも必要になるので、経営者としてマネジメントに専念する必要もあるかもしれません。それをしたいかどうか、できるかどうかもあるでしょう。

マイクロ起業のほうがローリスクには違いありませんが、そちらを優先させて本格起業の可能性にフタをしてしまうのもどうかと思いますので、是非とも双方の可能性について可能性を探ってほしいと思います。

POINT

55歳になったら定年後の再雇用や転職だけでなく、マイクロ起業、本格起業の選択肢についても検討してみよう。

都市部で暮らすか、Uターン移住か、二拠点生活か

地方出身者が定年前後に直面する悩みは「実家問題」。定年後はUターンして実家に戻るか、戻らない決断をするか、その際、実家は売却できるのか、墓じまいは……。

◉実家を売却＋マンションのリフォームで親を呼ぶ

リクルートの人間関係でも、独立後の顧客との人間関係でも、私の周りは圧倒的に地方出身者が多く、うちの妻のような東京生まれ、東京育ちは少数派になります。ですので、**長男、長女でなくても、ある年齢になると、みんな実家の大問題に直面しています。**

定年後、あるいは早期定年制を利用して実家に戻る決断をする人、実家に戻らない決断をする人、はたまた現在の住まいと実家との二拠点生活をする人もいます。

周りでは実家に戻らないことを決断した人のほうが多いのですが、実家の売却、墓じまいを粛々（しゅくしゅく）と行った人もいれば、家の売却はしたものの何代も続く家のために墓じまいまでは踏み切れず、かといって子供の代に先送りはできないと悩む人もいます。

親戚の手前、親の死後の片づけもままならないという理由で大阪の実家をどうするかと悩んでいた先輩は、結局10年近く思案した結果、ようやく昨年に売却しました。

また、実家に戻らない決断をして、実家を売却、千葉のマンションをリフォームして母親を呼び寄せた知人もいます。


過疎地生まれの長男の私にとっては、実家が売却できるのは羨ましい話で、実家の宅地や田畑はともかく、今や山林などは売却さえできないだろう推測しています。

ただ、材木屋の長男として生まれた私が相続した山林を〝負動産〟と嘆いていては先祖に申し訳が立たないので、カーボンニュートラルや食料安全保障の変化を読みつつ、一矢（いっし）報いてやろうとは思っています。

とは言いつつ、私と同様、相続した山林の固定資産税をバカバカしいと思っている人も多いに違いありません。森林環境税を財源に管理を代行してくれる自治体もありますが、固定資産税を考えると、所有しているだけで大赤字という状況は変わらないでしょう。

安価なシルバー人材に依頼しても地方の実家の草刈りに1回6万円かかったと知人が嘆いていましたが、実家が空き家となってしまうと、宅地や田畑の草刈りや管理も悩みの種となることでしょう。

一方、親の介護をきっかけに、実家に戻る決断をする人もいます。国家公務員として転勤を繰り返していたDさんも、その一人です。

子供さんが独立したタイミングで旦那さんを残して、まずは実家にUターン、子供向けの英語教室を始めました。春に定年を迎える旦那さんも合流するそうです。

人生90年時代、定年までは実家を離れて都会で働き、定年から実家に戻って生活するというライフスタイルも増えてくるかもしれません。

◉二拠点生活もやりやすくなってきた

鉄道網、高速道路網、航空網もこれだけ整備され、過疎地にも情報ネットワーク網は及んでいますから、実家との行き来の利便性はかなり改善されています。

そういう意味では二拠点生活もやりやすくなってきたので、私もその線で行こうと決めています。

これまで実家や畑の草刈りはシルバー人材に任せていましたが、実家に暮らす母と会う回数を増やすためにも草刈りは自分でやろうと決めて、今年は大型の草刈り機を新調しました。

コスト的にはシルバー人材などに外注したほうがよっぽど安価なのですが、山林を〝負動産〟にしないために、汗をかきながら何らかの仕掛けを思案してみようかと。

ロマンがないことには実家を維持するモチベーションが湧かないので、ここはポジティブに行こうと思います。

二拠点生活はともかく、都市部で暮らすか、Uターン移住かの決断は簡単にはできませんし、親や兄弟姉妹、子供、そして経済的なところにも大きく影響されます。

誰かに相談しても、それぞれ背景が異なるので、そのアドバイスが決め手になるわけでもありません。55歳から定年までの5年間とか定年60歳から再雇用終了の65歳までの5年間で結論を出すという期限を設定して、判断するのがいいかもしれません。

しかし、どういう結論になったとしても、**あなたの決断は正しく、答え合わせも不要と割り切る**ことが大切なのではないでしょうか。

POINT

都市部で暮らすか、Uターン移住かの決断は、どういう結論になっても、あなたの判断は正しい。

やりがいなのか、お金なのか

ライスワーク（生活費を稼ぐための仕事）から解放されたからこそ、誰かから「ありがとう」と感謝される、やりがいを満喫したい。一方、何歳になっても高収入を得て豊かさを満喫したいし、子や孫への援助もしたい……。

◉住民から感謝されるマンション管理人

役職定年後、マンション・デベロッパーからグループのマンション管理会社に転籍した同級生の話なのですが、マンションの管理人というのは募集すると、なかなかのキャリアの人が集まり、結構、高倍率になるそうです。

そういえば、10年ほど前、売上数兆円企業で関連会社の役員を61歳で退任したEさんは、再就職先としてマンション管理を選びました。

建築学科の出身で元々はハウジング事業に所属されていたので、自然な流れかもしれませんが、超大手企業の元部長で関連会社の取締役まで務めた方が、なぜマンション管理なのだろうと当時は不思議に思っていました。

奥様からは「70歳までは働いて」と言われていたそうですが、ご本人はそれなら一番好きなことをやろうという判断だったようです。

マンションの管理人というのは、キチンとやると住民から「ありがとう」と感謝される、やりがいがダイレクトに感じられる仕事なのだそうです。

近い業界にいた人なので、その事実をご存じだったのでしょう。月給は10万円代といわれる職種ですが、やりがいからすると隠れた人気職種だったりします。

やりがいという意味では、同じ過疎地の出身で国語の教師を定年になったFさんは、國學院大學に学士編入して神主の資格を取得しました。

地域の神主さんが絶えてしまったので、その役割を果たそうとしただけでなく、神主として地域とつながっていたいという動機もあったのでしょう。

同じ国語の教師だったGさんは校長を定年になった後、図書館に勤務しつつ、もはやライフワークとなったアクティブラーニングの授業を定期的に主催しています。

学童や地域社会の様々なボランティア活動を含めた話ですが、子供が独立して、住宅ローンの心配もなくなった人たちの中には、**やりがいを求めてアクティブに活動する人が少なくありません。**

◉稼いだお金は自身のためだけでなく、子や孫のために

一方、60代になろうが、40代、50代以上に、ますます稼ごうとペースダウンなどせずに仕事に邁進（まいしん）する人もいます。

そもそも売上の拡大や収入を増やすこと自体が好きな人というのは、60代になろうが70代になろうが、仕事自体がなくならないかぎりは働き続けています。

ある税理士事務所の代表が言っていましたが、経営者の退職金として用いられる保険商品があって、あらかじめ退任するであろう年齢で解約すると最も有利な設計にしたにもかかわらず、そのタイミングが来ても引退する人はいないのだそうです。

みんな保険で損をしようが、現役を維持するそうで、とうとうその税理士法人の代表社員のほうが先に引退してしまいました。

60歳からの転職、あるいはもっと有利な条件が引き出せる55歳からの転職活動でも、思い切り収入の高さを追求したり、就業規則で副業が許されるなら副業を加えて、使えるお金を増やしたりしてみてはどうでしょうか。

やはり、**自由にできるお金が増えると豊かさを実感できます**し、外食でも旅行でも楽しみを自由に増やすことができます。

自身の老後を豊かにというのもありますが、孫の教育費の援助であるとか、子供に何らかの援助ということを考えても、頼もしい親であることは子供や孫を甘やかすことにはならないと思います。

都市部に自宅をお持ちの方や何らかの資産をお持ちの方はすぐに相続税が課される税制に変わってしまっているので、子供に負担をかけない程度のお金は残しつつ、稼いだお金はご自身や子供さん、お孫さんのためにどんどん使ってしまうことです。

POINT

定年になれば、何をするのも、あなたの自由。何の制約も受けずに、やりがいでもお金でも好きなものの最大限の収穫を目指そう！

攻めるのか、守るのか

「人生は最後まで攻めているほうが楽しい」のは、頭では分かる。しかし、50代半ばの自分にとって「攻める」というのは、いったい何をすることなのか？

時に「守り」も重要な気もするのだが……。

◎「何にチャレンジするか」の焦点を絞る

会社人生というのは、50代のさらに手前の40代の時点で「守り」に入るようにできています。拙著『40代を後悔しない50のリスト』（ダイヤモンド社）の取材中、多くの諸先輩が、

●好きなことを躊躇せず、何でもやっておけばよかった
●難解なことに、何にでもチャレンジしておけばよかった
●今までの勝ちパターンにとらわれず、もっと自分の感じるままにやればよかったと40代を後悔していました。

要は、チャレンジしたいと思いつつ、どうしても失敗を恐れ、無難にやり過ごしたいと

思って、結局「守り」に入ってしまったことを後悔していたのです。
40代本では「80％はディフェンスモードでいいので、20％だけはオフェンスモードを」と、対処策を紹介しました。

しかし、50代半ばともなると、社内ではさらに「攻める」ことに対する動機もエネルギーも減少しているのではないでしょうか。「攻める気力、体力も……」と。

「攻める気力、体力」が減少したならば、少ないエネルギーで成果を出せるように**「矛先の的」を絞る手**があります。

最後まで攻めたほうが人生は楽しいなら、何にチャレンジするのかの焦点を絞るのです。
会社人生を続けるのであれば、まさにリスキリングで、これまでのスキルと経験のバリューをさらに上げてくれそうな新しいスキルを1年に1つずつ習得する、といったように。

また、自分ひとりで攻めることに躊躇があるなら、〝共犯者〟をつくって、「赤信号みんなで渡れば怖くない」式に、自身を集団心理に巻きこんで、新境地に挑む方法もあります。
もちろん、これも「矛先の的」が大雑把では逆効果になってしまいますので、何にチャレンジするかのターゲットを誤らないように。

そのターゲット選びでオススメなのは、「足跡として、この会社に何を遺したいのか」

後進に何を遺したいのかを自問した時に出てくるものは何か？　それをチャレンジのターゲットにすれば、まずは、あなたを見る周りの目が変わってくるので、あなたのモチベーション維持にも良い影響を与えるはずです。この会社で生きた証として、という思考です。

◉「何を守っているのか」を明確にする

もちろん、「ジャンプの前は深く沈む」ではありませんが、何かを見極めるために、動かずに「待つ」ことも55歳前後の給与生活者には賢い方略になります。

50代にとって、何をするにも一番大事なのは「タイミング」なので、期が熟すまで動かない選択も当然アリですが、できればこの時に「何を守っているのか」を明確にしておくといいと思います。

ただ漂流しているのではなく、**自身の意思で意図的に**「守り」についていると自覚できるように。

「意図的に」という意味では、55歳以降の1年、1年を「攻めの1年」にするのか、「守りの1年」にするのかを念頭に、計画しておくという手もあります。

業績が右肩上がりの時には攻めて、攻めて、攻め切るほうがいいでしょうし、業績が右肩下がりになった局面では全力で守りに入ったほうが業績は維持できるはずです。

ポイントはそのタイミングの見極めになりますので、自分のエモーショナルな部分だけでなく、置かれている環境や潮目の変化を冷静に判断しつつ、ご自身を上手にコントロールしてください。

POINT

50代半ばからは「攻める」際は矛先の的を絞り、「守る」際は何を守っているのかを明確に！

09

定年後は「お金次第」なのか、「生き方次第」なのか

結局、定年後は「お金次第」なのか、「生き方次第」なのか？
「お金次第」ならお金は十分ではないし、
「生き方」にも自信がない自分はどうすればいいのか？

◉自宅近くの介護付き有料老人ホームの費用に絶句

電車の広告や駅の看板で、自宅近くの介護付き有料老人ホームの広告が何となく目に入ったので眺めてみると、入居時が0円〜6190万円、月額33・8万円〜70・7万円。月額だけでも、この金額を年金だけで賄（まかな）える人などいないのではないかと思ってしまいました。

月々平均的なサラリーマンの手取り収入並みの費用のかかる介護付き有料老人ホームに、どんな人たちが入居しているのか、とても不思議でした。

入居時の費用を0円とすると月額は70万円を超えるのでしょうが、10年間をこの施設で過ごすとなると1億円近い出費となる計算です。

それで24時間体制で介護してくれるなら「安い」と判断する人たちが入居しているに違いありませんが、**現役時代に稼いだお金を介護付き有料老人ホームで使い切って死ぬ人生ってどうなのか、**考え込んでしまいました。

地方の場合はコスト的にどうなのかと思って、実家近くで同じ介護付き有料老人ホームを検索してみると、天然温泉付きで、入居時が0～450万円で月額13・22～17・52万円とあり、地価の違いこそあれ、ここまで違いがあるのかと驚きました。

自身に介護が必要になったら、絶対に自宅近くではなく、実家近くか、どこかの地方の施設にしようと思った次第です。

私の価値観や金銭感覚からすると、介護付き老人ホームに月額70万円は払いませんが、定年後を考え始める55歳からは、この価値観が重要になってきます。

母が「1泊5万円の高級旅館に泊まっても、『○○の料理が冷えていた』とか、『アメニティーの○○がしょぼかった』と粗探しばかりする人もいれば、お弁当を持って花見に出かけただけなのに、『あー、今日は天気もよくて、最高の桜が見られてよかった』と大満足な人もいる」と言っていたことがあります。

正直、1泊5万円、家族3人で15万円も支払えば、それに見合う満足感が得られなければ文句くらい言いたくなる、というのが私の考えです。

1泊5万円レベルとなると、料理も接客もお風呂も「文句なし」という旅館も少なくないので、それと比較するとマイナスポイントは気になるはずです。月額70万円の老人ホームも、その金額に見合う満足度がなければ、「ちょっと、ちょっと」となるはずですし。

◉幸せにはコストがかかるが、何とかなる

さて、定年後を心身ともに豊かに過ごせるかどうかは「お金次第」なのか、「生き方次第」なのかを決めるのは自分自身ですが、「幸せにはコストがかかる」ことだけは、踏まえておきたいところです。

万が一「お金次第」が正解であったとして、例の年金不足2000万円問題が他人事でないと思っている大多数の人も、路頭に迷うことなどないでしょう。

これまで述べてきたように、65歳以降も働けばいいだけですし、仕事はいくらでもありますから。

とにかく何とかなるので、心配しないことです。

「生き方次第」のほうが、やや複雑かもしれません。「生き方」が正しいのかどうか確証が持てなかったり、激しい環境変化によって「生き方」の根幹が揺らいでしまったりする可能性もあります。

このあたりも柔軟性を持って環境変化にフレキシブルに対応できるように、「生き方」に適度な〝いいかげんさ〟を持っておくのが、賢く生きるスキルなのかもしれません。

POINT

結局、定年後は「お金次第」でも、「生き方次第」でも何とかなるので、心配しない！　悩まない！

第4章

「55歳」からの趣味・暮らし

01 アウトドア系、インドア系、双方の趣味を持つ

体力が衰え始める60代後半からはアウトドア系の趣味だけでなく、インドア系の趣味が必要になる。そのための準備は、会社の人間関係のある50代のうちからスタートしておくのが得策！

◉新しく趣味を始める場合、同僚の趣味に乗っかる

75歳まで現役で働いていたHさんは、50代後半からはアウトドア系とインドア系の趣味の双方を持つことをオススメしています。

体力が衰えはじめる60代後半からはアウトドア系の趣味ばかりではなく、インドア系の趣味も持ったほうが、人生を豊かに楽しめるというのは分かりやすい話です。

現に、20代からずっとゴルフ、スキー、登山といったアウトドア系の趣味に没頭してきたHさんも、60代では、映画の専門学校に通い、通信制の仏教系の大学にも再入学するなどしてインドア系の趣味も広げてきました。

あえて、「50代後半から」アウトドア系とインドア系の双方をオススメするのも、アウトドア系の趣味を始めるのは、**まだ体力、気力の衰えが少ない50代からスタートさせるほうがベターだからです。**

あるいは、ゴルフだけが趣味だった人が50代で五十肩、腰痛、脊椎狭窄症などを発症してしまうと、中断を余儀なくされたり、最悪の場合、プレイをあきらめざるを得なくなったりしています。

回復を待つ間、インドア系の趣味があったほうが、ＱＯＬ（Ｑｕａｌｉｔｙ ｏｆ ｌｉｆｅ）は高まるに違いありません。

さらには50代後半というのは、会社に所属している人がほとんどでしょうから、アウトドア系でもインドア系でも新しく趣味を始める場合、同僚の趣味に乗っかれる、つまり同僚から手ほどきを受ける、一緒にできるというメリットがあります。

要は、手っ取り早く趣味の仲間、指南役が見つかるということです。

●社内外の新しい出会いは人生を豊かにしてくれる

メーカーで勤務していたＯさんは、地方拠点で単身赴任中に囲碁をマスターしましたが、最初の指南役は社内の部下でした。

Oさんは50代でアウトドア系、インドア系趣味の双方を始めた人物で、その単身赴任以前は、まさに仕事が趣味の長時間労働の人で、趣味どころではありませんでした。ところが、単身赴任で囲碁にハマったことをきっかけに、本社に戻った後には学生時代にもやってみたかったテニスも始めたのです。最初はスクールに入りましたが、その後は毎週末に市のテニスコートの抽選に申し込んでは、SNSで知り合った地域のテニス仲間とプレイを楽しんでいました。

Oさんが50代でインドア系の趣味として囲碁、アウトドア系の趣味としてテニスを始めた理由は、趣味に充てる「時間」ができたことでした。

きっかけは単身赴任で「夜、やることがない」ことだったそうですが、「趣味に費やす時間ができたことで、生活の質がまったく違うものになった」と振り返っています。

それまでは社外、社内の人とも仕事だけの付き合いでしたが、そこに趣味である「囲碁」が入ると、社内の囲碁の実力者との対戦や囲碁を通じた別部門の社員との交流など、他の社員との人間関係も広がり、かつ深まっていったそうです。

囲碁やテニスを通じた社内外の新しい出会いは人生を豊かにしてくれるでしょうし、世界も広がるでしょう。

その影響だったのか、Oさんは55歳での役職定年の後、グループ会社で部長職を60歳まで務めた後の定年時、**再雇用の道は選択せずに、別の会社へと転職**していきました。

◉その時々の自分に合った趣味を

さて、アウトドア系、インドア系趣味のいずれも、**年齢とともに趣向が変わるものに違いありません。**

学生時代に没頭した小説に興味が持てなくなったり、登山が億劫になったり、腰痛や肘痛でゴルフやテニスができなくなったりと……。

なので、その時々の自分に合った、時間を豊かに過ごせる趣味を持ち続けていきたいものです。

POINT

アウトドア系、インドア系趣味の双方を持っていたほうが、何らかの理由でどちらかからフェードアウトしても、人生を豊かに過ごせる。

02 この低金利時代、QOLの観点から住宅ローンは70歳完済でいい

もう、住宅ローンを不安に思うのはやめにしよう！
この異次元の低金利時代、
1％台の固定金利なら、
70代返済にしたほうが逆にQOLは高まる！

◉1％程度の低金利ローンなら……

何歳で住宅を購入したかにもよりますが、これまでの定年退職者は、60歳前半までに住宅ローンを完済させた人が多いのではないでしょうか。

退職金を住宅ローン完済の原資にするのが、もっとも多いパターンだったに違いありません。

あるいは、早めにローンを完済した人はリフォームや住まいの建て替え、あるいは転居などに退職金を用いていました。

しかし、今の50代はいわゆるバブル世代と氷河期世代という両極端の時代の人たちです

が、晩婚化、晩産化の主人公でもありました。

結果として、住宅を取得する年齢も30代後半が多くなり、35年ローンを組み、結局、繰り上げ返済もままならず、70歳まで住宅ローンが続くことになるであろう50代も少なくないでしょう。

しかも、会社人生のほとんどが「失われた30年」と重なっていますから、収入の増加は緩やかだった世代でもあります。

逆に、異次元の低金利政策によって地価や住宅、マンションの価格だけは上昇してしまいましたから、多くの部分を住宅ローンに頼らざるを得ない人がほとんどでした。


もっと景気のいい時代を生きたシニアでさえ、ネットニュースや雑誌などでは、「無理な住宅ローンを組んだ落とし穴」的なニュースばかりになっています。

一方、たった1%程度の金利でお金が借りられる住宅ローンなら、別に現役時代や退職金で返済しなくても、**70歳でも75歳まででも借り続けていたほうが戦略的**という考え方もあります。

◉私の住宅ローン完済は70歳の予定

カードローンやリボ払い、消費者金融の金利と比較すると住宅ローンの金利のほうが桁違いに低いので、1%台程度の固定金利なら、繰り上げ返済などせずに、ずっと借り続けるほうに経済合理性があるのではないでしょうか。

かく言う私も、住宅ローンの完済は70歳の予定です。最初は積極的に繰り上げ返済をして60歳に完済させようとしていましたが、期せずして息子が私立の医学部に進学してしまったので、繰り上げ返済の原資を学費に回さざるを得なかったのが正直なところです。

その時の学資ローンより住宅ローンの金利のほうが安かったので、そうしたまでですが、**低金利の恩恵に預かるのも悪くない**と、気がつきました。

息子は無事に卒業して、高額な学費からは解放されましたが、娘の学費、近々予定しているリフォームやクルマの買い替えなどは貯金から捻出して、QOLの観点から繰り上げ返済の優先順位は上げないように考えています。

確かに、65歳で完全にリタイアしてしまうなら、それまでに住宅ローンは完済しておいたほうが精神的にもいいのでしょうが、70歳までとか、75歳まで、はたまた生涯現役で仕事をする予定であれば、住宅ローンを完済するより、よりQOLの向上を優先させたお金の使い方でいいのではないでしょうか。

◉約3分の1の人が75歳まで働いている!

2022年の総務省の「労働力調査」によれば、60歳以上の就業率は、

60〜64歳　73%

65～69歳　51％
70～74歳　34％

となっています。何と、半数以上の人たちが70歳まで働いているということです。

さらには約3分の1の人が75歳まで働いているというのも驚きですが、それぞれの数字は今後も増え続けるに違いありません。

この数字、「年金だけでは生活できないので、仕方なく働いている」消極派と、「社会の一員として社会とつながっていたいし、より豊かな生活のために」という積極派の比率は、どの程度なのでしょうか。

媒体の読者を増やすニュース材料としては前者が注目されがちですが、周りの諸先輩は後者ばかりです。

65歳以降も仕事をする予定なら、住宅ローンの完済などは後回しにして、一度しかない人生を楽しみましょう。

POINT

半数以上が70歳まで仕事をするようになった現在、住宅ローンの完済も先延ばしにして人生をもっと楽しもう！

03

「自分の居場所」は5つ以上持つ

教師や専業主婦のように1つのキャラのまま生活している人が一番心の健康を損ないやすいという。社内のキャラが1つに固定化しつつある50代が心身の健康を維持するためには、5つ以上の「自分の居場所」を持とう！

◉「自分の店」＝「贔屓の店」を持とう

某ＩＴ企業の社長を退任されたばかりのＪさんとの会食で、本書の概略を話し、「55歳の現役世代のみなさんへのアドバイス」を求めてみました。

間髪置かないＪさんのコメントは、**「自分の店を持つこと」**。

「えっ？」と一瞬、意味が分からずキョトンとしている私に対して、一口ビールを飲んだ後、Ｊさんは言葉を続けました。

「『自分の店』って、『自分が贔屓（ひいき）にしている店』のこと。できれば、鮨屋がいいなぁ。自分では、できなかったんだけどさぁ」ということで、私も納得がいきました。

その本質は、55歳以降は人から褒められることなどなくなるけれど、店なら褒めてくれるから、というセルフ・モチベーション・コントロールのお話でした。

50代以前は飲み屋やスナックでもいいのだけれど、55歳からはなぜか、Jさんは鮨屋推しでした。

なぜ、鮨屋なのかと尋ねると、「分厚い白木のカウンターで大将の前に座り、何も言わなくても、旬のおつまみが一通り出て、最後は好きなネタから握りが出て、その厳選されたネタの味が前頭葉に沁みわたっていく。それが、究極の褒められ方」という、かなり個人的な趣向の回答。

さらには、「究極に褒めてくれるのは肉ではなく、EPA（エイコサペンタ酸）が大量に含まれる新鮮な魚でないと、だめだね」という完全な「自分へのご褒美系」の決着となり、私の納得感も高まりました。

Jさんの場合は自分へのご褒美として、お好みのお鮨屋推しでしたが、大切なのは、そうした自分へのご褒美の店と認識できる贔屓の店を持ちましょうということです。

この贔屓の店というのは、いわば自分の最高の居場所としてのポジショニングとなります。

50代も中盤ともなると、誰も褒めてくれないというのは、言われてみれば確かにそうで、自己満足では自己愛を満たすことができず、何も対処しなければモチベーションは低下していくばかりです。

よくパフォーマンスの落ちたシニアとか、「仕事をしないおじさん」と揶揄されてしまうのは、そのあたりが遠因になっているのかもしれません。

組織の中で誰からも褒められず、評価もされなければ、無力感を学習してしまい、モチベーションもパフォーマンスも逓減してしまうのは理に適っています。

ならば、自分へのご褒美を象徴する居場所を持つというのは、賢い方略です。

◉1つだけの「ペルソナ」に縛られると、心を病む

55歳になったら会社と自宅を含めて構いませんが、自身の心身の鮮度を保つために、いや、鮮度を高めるために「自分の居場所」を5つ以上持つことを提唱します。

以前、「ホンマでっか!? TV」でブレイクした心理学者の植木理恵さんと対談した時に、「心の健康を保つためにも、1人の人間が5つくらいのペルソナを持つことが大切」と教わりました。

念のため、キャラクターのことを心理学では「ペルソナ」と呼びますが、ある調査によれば、心の健康を損ないやすい職業の1位は教師で、2位が専業主婦、3位が宗教家という、1つだけのペルソナに縛られやすい環境や環境の人だったそうです。

逆に、社内では「切れ者技術者」であっても、家庭では「子どもに優しいお父さん」だっ

たり、「釣りに没頭する趣味人」だったり、それに取り組んでいる時は集中して他の何者でもなくなっているというような時間をつくるということが、心を健全にしておくには大切なのだそうです。

そのために必要なのが、居場所です。居場所が変われば、当然、相手との関係性でキャラクターも変わってきます。

例えば、仕事はできるのに、会議や客先で何も発言しない寡黙な技術者がカラオケに行くと豹変してしまい、司会まで買って出るといったケースです。

会社と大好きなカラオケではまったく異なるキャラクターになってしまうのですが、これは心の健全を保つには非常に好ましいことなのです。

このように、55歳からはメンタルやセルフ・モチベーション・コントロールのためにも、5つ以上の居場所を持つようにしましょう。

POINT

自身の心身の鮮度を保つために、鮮度を高めるために、「自分の居場所」は5つ以上持つ。

04 親を楽にさせない

果たして、「子供がほったらかしの親のほうが長生きなので、そっちのほうが親孝行だ」説は正しいのか？

◉実家で一人暮らしをしている92歳の母

50代後半という年回りは、**年齢的に親との死別や親の介護といった、できれば避けたいライフイベントが続きます。**

ある時、義理の親を介護する知人から、11歳で父親を亡くした私が「羨ましい」と言われて困惑してしまったことがありますが、そのくらい当事者にとっては、いろいろな意味で親の介護は大変なのでしょう。

前の章で私の周りの人間関係は地方出身者が多いという話をしましたが、みなさんの中でも地方出身の方が多いと思いますし、都内の出身であっても親御さんとは同居していない人がほとんどでしょう。

私も大学から東京に出てきて、ＭＢＡ留学の資金稼ぎと受験勉強のために一時期、2年半ほど実家に戻ってヤマメの養殖をしていたことがありますが、ずっと母親は実家で一人暮らしをしています。

すでに92歳ですが、さすがに90歳の時に運転免許は返納し、多少耳は遠くなったものの、認知症の症状はなく、ずっと実家の管理をしています。

もともと材木屋だったので、やたらに敷地が広く、田畑も残っているので、敷地の管理というか草刈りが大変で、今でも母が草刈り機で草を刈り、動力噴霧機で除草剤を撒(ま)いて管理をしています。

もちろん、私もゴルフがてら実家に出かけ、草刈りや庭木の剪定(せんてい)などはしていましたが、この3年間のコロナ禍の期間は控えていました。

90代となった母はどんどん小さくなってしまい、さすがに腰も曲がり、それまで実家の管理を母に任せきりにしてきたことに対する負い目も強まってきた今日この頃です。

そんなことで、コロナもインフルエンザ並みの対応になってきたことですし、今年からは大型の草刈り機や枝払い機を新調して、定期的に実家に通って実家の敷地の管理を本格化させる計画です。

◉認知症予防の観点からは「結果オーライ」

さて、前の項で紹介したJさんの「居場所」ではありませんが、私は自宅近くに行きつけの鮨屋があって、偶然の共通点から意気投合した常連の4組の夫婦で「和泉会」という定例会を開いているほどです。

私たち夫婦が一番年下で、一番上のご夫婦が60代後半といった感じなのですが、その定例会で「実家や母をほったらかして負い目がある」みたいなことを話した時に言われたのが、意外にも「そのほうが親は元気で長生きする」ということです。

首都圏の老人ホームに呼び寄せたものの、地元の人間関係を失ってしまったために生活に張り合いがなくなってしまったり、ルーティンとしてやったりする仕事もないので、認知症がかなり進行してしまったという話もそこで聞きました。

すでに酔っ払っていたので、話は「何でもかんでも子供がケアする親のほうが早死にだ」や、「子供がほったらかしの親のほうが長生きなので、そっちのほうが親孝行だ」といった極論にまで展開していきました。

こうした統計的なデータはないでしょうから、何とも言えませんが、認知症予防の観点からは「結果オーライ」だったかもしれません。

「大往生」という言葉がありますが、92歳になろうが親は親で、せめて96歳まで、あるいは切りのいい１００歳まで、ずっと元気で生きてほしいと願うものです。

90歳以降はともかくとして、人生１００年時代ということを考えれば、親が70代、80代ならば楽をさせないで、日々のルーティンが必要な環境のままのほうが、お互いに幸せなのかもしれません。

55歳を過ぎたら親を甘やかさず、楽をさせないようにする手もある。

05

「犠牲者を出さない介護」の準備をする

「親の介護は子供がやるべき」「他人や施設に任せるのは後ろめたい」と考えてしまった結果、介護疲れから、親に憎しみの感情を抱いてしまう人も……。老化と認知症は、まったくの別物だとすれば、どう準備すればいいのか？

◉中途半端な医者ではなく、大きな病院で脳検査を

55歳ともなると、すでに親の介護がスタートしている人もいるかもしれませんし、介護まではいかなくても、親御さんの老化を寂しく思い、介護の気配を感じている人も少なくないでしょう。

介護5年目のKさんによれば、最初は介護について分からないこと、知らないことだらけだったといいます。

Kさんの介護は、**「老化と認知症とは決定的に違うもの」**と気づかされたところからスタートしました。

Kさんが母親の認知症に気づいたのは、あったはずの株式が全部解約されて、証券会社

の営業マンの口車に乗せられたのか、普通の人が買わないような金融商品に変わっていたことの発覚でした。

かつてバリバリの営業パーソンだったKさんは、「言葉巧みに、いいカモにされていた」と察しがついたので消費者センターや弁護士にも相談、その証券会社の支店に乗り込んで、通話記録も全部聞かせてもらいました。

訴訟という手もあったのですが、すでに認知症の母にとって長い裁判はつらいだろうということで断念はしたものの、あわや老人ホームに入所するためのキャッシュにも事欠くような状況だったのです。

そんな事件をきっかけに大学病院で脳の検査をして、「認知症」の診断がついて投薬治療がスタートしました。

Kさんのアドバイスとしては、中途半端な医者ではなくて、必ず大きな病院で脳を検査することです。「歳を取ったから……」で済ませてしまうと、一気に認知症が進行してしまうからです。

Kさんのご近所で一人暮らしをされている女性はKさんのお母様より10歳近く若いはずなのに、夕方でも「おはようございます」とあいさつし、同じ話を何度も繰り返すまでに、一気に認知症が進行してしまいました。

その豹変ぶりに、「やっぱり薬ってスゴい」と認知症の進行を抑制させる薬の効果を実感したそうです。

進行が抑制されれば、その間に「お金のこと」「どうしたいのか」という準備ができるのが大きいと。

●介護は「一人で頑張らず、人に頼る」

認知症がやっかいなのは、判断ができなくなるにもかかわらず、親としてのプライド、人としてのプライドはそのままですから、「できなくなったことをバカにしている」つもりなどまったくないのに、すぐにケンカになってしまうことです。

ゴミ出しが集積所ではなく、玄関前に変更になったこと、1週間のピルケースのことなどを忘れないように「メモに書いて貼っとくね」というのが、お母様のプライドを傷つけ、バカにされたと受け止めて怒り出してしまうのだそうです。

また、デイサービスについては、たまたま先に介護中だった知人から「最近のデイサービスの施設は、いろいろなバリエーションがあってスゴい」とは聞いていました。

「老人の幼稚園」のイメージなどではなく、麻雀を楽しむ施設やスポーツジムのような施設など、好みに応じていろいろな施設があるので、デイサービスの日が楽しみになるそうです。

ケアマネージャーの黎明期から長年介護の現場にいた専門家によれば、介護は「一人で頑張らず、人に頼る」ことに尽きると言います。

「親の介護は子供がやるべき」「他人や施設に任せるのは後ろめたい」というのが、一番好ましくない結末となり、介護疲れの結果、親に憎しみの感情を抱いてしまうことすらあるのだそうで。

親も我慢しない、子供も我慢しない状況が、どのようなものなのかを考えておくのも重要だと。

その状況に近づけるために、地域の情報や口コミといった情報を集め、官民のサービスを上手に組み合わせ、団体戦という気持ちで介護に向き合っていきたいものです。

POINT

「犠牲者を出さない介護」のために、「一人で頑張らず、人に頼る」団体戦で挑む。

平林良仁会長語録

平林良仁会長とは誰か?

船井財産コンサルタンツの創業社長で、2004年に株式上場を果たした経営者ですが、高級料亭「うかい亭」の前オーナーと紹介するのが一番「ピン!」と来るかもしれません。

船井総研の船井幸雄氏の自称「一番弟子」で、現在は「河口湖音楽と森の美術館」の代表を務め、山梨県、政財界が推進する「富士山登山鉄道構想」の強力なメンバーでもあります。

私のリクルート時代からのメンターである藤原和博氏からのご紹介で、一緒にゴルフをさせていただいたのが最初のご縁で、以来、私の家族を含め、お付き合いいただいています。

Column コラム

これまで、それは、それは、多くの経営者とお会いし、一緒に仕事やプライベートの時間を過ごしてきましたが、「55歳のみなさんへのアドバイス」という意味では、平林さんのお話が現役のみなさんに一番、参考になるだろうと考え、「平林良仁会長語録」というコラムとして紹介させていただきます。

「起こったことは、すべて必要、必然、ベスト」

《解 説》

船井幸雄さんの揮毫(きごう)で「やはりすべては、必要、必然、ベストのようです」とあるように、もともとは船井さんの教えですが、平林さんもこの言葉を実感する原体験があるそうです。

実は、平林さんの会社、労基署への内部告発がきっかけで2年ほど株式公開が延期になり、はらわたが煮えくり返るほどで夜も眠れなかったそうです。

ところが上場が2年延期になったことで、株式市場が沸騰するタイミングでの上場となり、当時、財産のコンサル会社は1社しかなかったことから、市場から評価され、最高の初値となったのです。

さて、この言葉「起こったことは、すべて必要、必然、ベスト」ですが、どれだけ私たちの心を軽くしてくれることか。

私自身、幻冬舎の見城徹社長の「憂鬱でなければ仕事じゃない」という言葉にも随分と励まされましたが、朝に目覚めた瞬間は無心ながら、意識が戻った瞬間からの「あれもやらなきゃ」「あの件は、どうするか」と一気に現実に引き戻される憂鬱感にずっと悩まされてきました。

まるで、憂鬱のタネを探しているかのように、そしてすぐにそれを思い出してはブルーになるという……。そう、小さなことにも、くよくよする性分なのです。

私の場合は、起きて歯を磨き始めた瞬間からモチベーションのスイッチが入るので、その時点で憂鬱感は一掃されるのですが、目覚めた瞬間から起き上がるまでの時間、ホントは楽しみたい、まどろみの間の憂鬱感が半端なかったのです。

しかし、憂鬱感の原因となっていることを「起こったことは、すべて必要、必然、ベスト」と考えるだけでブルーにはならず、心が軽くなるという効果を実感しました。

これは効きますので、是非、試してみてください。

実を言うと、私も創業当時から船井幸雄さんの6つの「船井語録」をオフィスの壁に貼って、そのまま30年近く日焼けしたままになっていますが、その語録には、この「起こったことは、すべて必要、必然、ベスト」はありませんでした。

それこそ、その言葉との出会いは私にとって、必要、必然、ベストだったと痛感します。

「人との出会いが人生を豊かにする」

《解　説》

平林さんは、誰と出会うか、出会った人とどう付き合うか、つまり、どう付き合いを継続させるかを最も大切にしているそうです。

それというのも、「今度とオバケは、出たことがない」ではありませんが、せっかく出会っても、みんな忙しいので、その関係を継続していくことは難しいはずです。

そこで平林さんは、出会った人でも、本の著者、講演の講師でも感動したり、感激したり面白いと思ったら、連絡をして会社まで会いに行くのだそうです。

そしてその出会いに感謝することから、感動、感激、感謝で「3感の法則」と呼んでいます。

そうした出会った人との継続した付き合いが人脈となり、「富士山登山鉄道構想」を前に進めるのにも大いに役立っているそうです。

「運を良くする方法を勉強する」

《解　説》
ビジネスパーソンの間で人気の高い田坂広志先生は、平林さんの師匠でもありますが、科学研究者としての立場から、「運気」に関して、「量子真空」と「ゼロ・ポイント・フィールド」という科学的仮説を記されています。
平林さんも30歳で賃貸管理会社を創業、35歳で船井総合研究所の経営コンサルを受け、船井幸雄氏と運命的な出会いをされたのも「運」と言い切ります。
その後、数年間ほど船井幸雄さんの指導を受け、1991年に（株）船井総合研究所、東京海上、日本生命、三菱銀行等から出資を受けて（株）船井財産コンサルタンツを資本金1億円で設立、代表取締役社長に就任。2004年、創業14年での上場となったわけです。

直後に日本インベスター証券やうかい亭の株式を取得、グループ化するなどの成功を収めます。

本人はご謙遜もあってか、「実力以上に過大に評価された」と当時を振り返りますが、これまでリクルートの同期2名を含む、株式上場を果たした経営者、1代で売上100億円規模の企業に育てた経営者の話を聞いてきましたが、ほとんどが「運が良かった」と口にしていました。

平林さんも「55歳といえば、いろいろな勉強をしたり、本を読まれたりすると思いますが、是非、『運を良くする方法』も勉強してほしいと思います」とアドバイスしています。あなたのこれまでの人生、運が良かった人、悪かった人もいると思いますが、人生、まだまだ後半戦が残っていますので……。

そのうえで一点、平林さんは、運を左右するものに「誰を信じるか」ということを強調されています。

例えば、シニアになったら「肉を食べるのが良い」のか「魚を食べるのが良い」のかまで。

ちなみに、『80歳の壁』（幻冬舎新書）などシニア本でベストセラーを連発している和田秀樹さんとは、かつて一緒に仕事をさせていただき、共著本を2冊出版したことがありますが、シニアが肉を食べることを推奨しています。通販のCMなどでは青魚由来のDHA、EPAをさかんに宣伝していますが……。

あるいは、定年前に余力を残して転職するか留まるか、定年後に新天地を目指すか、再雇用を選択するかといった判断にも「誰を信じるか」ということが影響してくるはずです。

意思決定するのは、あなた自身に違いありませんが、諸先輩の後悔やアドバイス、転職エージェントのコンサルタントの言葉や、こうした本などの情報など誰を信じるかによって、その後の人生が大きく左右さるのは事実でしょう。

世の中には自分にプラスのエネルギーをくれる人と、エネルギーを奪ってしまう人が存在すると思ったことはないでしょうか。

前者が運をもたらしてくれる人、後者が運を奪ってしまう人と判断してもいいかもしれませんし。

そのあたりを、これまで以上に意識してみてはどうでしょうか。

「仕事以外の『楽しさ』がものすごく大事」

《解　説》

「75歳の今が一番健康！」と平林さんはおっしゃるのですが、確かに見た目は私とそんなには変わらない気がします。私より一回り以上、年上なのに。

その健康というかアンチエイジングのためには、仕事以外の「楽しさ」がものすごく大事で、もちろん仕事は重要ですが、それ以外に55歳からは「健康、食事、夢」を特に意識してほしいと。

医食同源ということで健康を保つには、まずは食事というのが平林さんの考え方です。現在は「腹八分目」をさらに少なくして、1日2食をルーティンにされているそうです。ビタミン類のサプリメントも。

見習いたいと思ったのは、お酒の量。自身のお酒の適量をキチンと把握されていて、ビール1缶（350ミリリットル）にワインであれば2杯が適量で、これなら体を壊すこともないし、問題を起こすこともないということで、キッチリ守られています。

これは、平林さんを見て私が思っていることですが、「楽しさ」を追求するために、その年間スケジュールを立てているのは見習いたいと。

4泊5日の一人旅、ゴルフの予定も年間で立てて、その間に仕事の予定を入れているような。

大前研一さんも、まずは旅行から年間スケジュールを計画していくと本で書かれているのを読んだことがありますが、そうしたスケジューリングの技術こそ、「仕事命」の私たちに必要なのかもしれません。

さらに、「楽しさ」を追求するためには自分が「素敵になる」ことも重要だ、と。その一環として本を読み、平林さんは気に入った本の著者に会うために、講演会などに出かけて行ったそうです。

逆に、成功者しか来店しない銀座の超一流店のママに「落ちる人」の共通点を訊いたところ、間髪入れずに「天狗になる人」と返答されたそうで、「やっぱり、そうなんだ」と妙にリアルに受け止めてしまいました。

ここは改めて、「謙虚たれ」「実るほど、頭を垂れる稲穂かな」の説得力を痛感した次第です。

▼平林さんのライフワーク

「富士山登山鉄道構想」

現在の平林さんを語るうえで外せないのが、「富士山登山鉄道構想」です。要は、富士山の五合目までの富士スバルラインをスイスにあるような「登山鉄道」化し、電気、水道、下水を整備する計画です。

実は、私は高校、大学と登山部で、高校時代の登山部の顧問はヒマラヤの未踏峰に初登頂して、自分で「シャルミリ」と、その山の名を命名したほどです。ですので、学生時代は合宿で日本中の山に登りましたが、日本最高峰の富士山だけは登ったことがなかったのです。

理由は単純明快。「五合目までクルマで行ける山は観光地であって、部活で登る本格的な山ではなかった」からで、登りたいと思ったこともありませんでした。

もちろん、登山としての対象にならなかっただけで、何百往復もしてきた東海道新幹線に乗車中は、その季節の富士山を美しく思って、写真に収めたこともあります。

富士山に対しては、その程度の興味でしたが、先の世界文化遺産の登録時に、し尿処理の問題などで自然遺産としての登録はならず、なぜか文化遺産に変更されて登録になったという報道で、初めて下水問題を知りました。

１９６４年に開発して車道をつくってしまったのに、電気、水道、下水もない五合目。コロナ前の２０１９年には約５００万人が押し寄せたことを知って、これは少し驚きました。

そこで浮上したのが、鉄道下に上下水道、電気を整備し環境対策を施した「富士山登山鉄道」です。

その実現に向けて、様々な難問、課題に取り組み、草の根的も活動されている姿に、「ノーブレス・オブリージュ」とは、こういうことなのだと教えられた気がします。

第5章

ハッピーなセカンドキャリア（ハッピーワーク）～転職編～

都市部なら仕事はいくらでもある

仕事はいくらでもあるので、60歳以降、「これまで自分がやってきたこと」や50代の年収に近い待遇にこだわった転職を目指すか、再雇用を選択するか、はたまた気楽な時給1200円程度の転職を選択するかは自由。悲観的になる必要などない！

◉100%売り手市場になっている業界も

正直、仕事を選ばなければ、60歳になっても時給1200円程度の求人ならいくらでもあります。

時給1500円程度の仕事も、普通にあります。

よく、ドライバー、外食産業、介護職、サービス業の人手不足は深刻だとメディアが報じていますが、現場は危急存亡（ききゅうそんぼう）レベルの深刻な事態なのです。もう、年齢になんてこだわっていられず、応募してくる人を自動的に採用せざるを得ない、100%売り手市場になっている業界すら珍しくないのです。

さらに言えば、「もう採用はできない」と諦めてしまっている中小企業のほうが多いことも見逃してはいけません。

しかし、60歳以降も働きたいほとんどの人は「これまで自分がやってきたこと」をやりたいのです。できれば、50代の年収のままで。

正直、年収がピークを迎える50代の年収で、転職して60代も働ける人は「ハイクラス」と呼ばれる経営層やマネジメント層、専門性の高い職種に限られてしまいます。

50代の年収では厳しいかもしれませんが、「これまで自分がやってきたこと」という条件で、さらに60歳から再雇用となる年収よりずっとましな年収の転職先を見つけることは可能です。

自衛隊の定年は民間より早いのですが、陸上自衛隊では大型運転免許、大型特殊、牽引などの免許取得者が多いので、運輸業界からすれば貴重な人材供給源には違いありません。歴史的に、自衛隊あるいは警察退職者は、警備会社への転職が多いという傾向もありました。

◉選択肢は60代以降のライフデザインによる

「自分がやってきたことをやりたい」という文脈では、仮に60歳で転職した場合の年収は職種に大きく左右されますので、ここを客観的に押さえておいてほしいと思います。

要は、「売り手市場」の職種か、「買い手市場」の職種か、です。前者の場合は60歳の定年退職のタイミングで転職したほうが再雇用より好条件になるケースが高く、後者の場合は転職すら難しいので再雇用を選択するほうが無難といった判断材料になるからです。

例えば、60歳からの転職市場では**技術者、現場系は有利で、施工管理、設備関係の仕事も比較的容易に見つかる**でしょう。

営業系については、実績と人脈で二分されますが……。

専門性が高ければ高いほど有利で、海外での工場立ち上げといった専門性があると年齢は関係なくなり、知人の父親は76歳でも出身メーカーのインド工場の立ち上げを依頼されていました。

逆に時給1200円から1500円レベルで構わないので気楽で好きな仕事を、という例としては、プライム上場企業の総務部長だったLさんは定年後、いわゆる高級車の某外車ディーラーで車の回送をやっていました。

車検や故障時にセールスパーソンとは別に、妙に品のいいシニアが車の引き取りに来てくれたりしますが、高級車のディーラーではそうした人材を活用しているんだなぁと思いました。

気軽という意味では、定年後、タクシードライバーを選択する人も一定数います。大卒で有名企業を定年後、なぜタクシーなのかと不思議に思いますが、気楽で自由というのが大きいそうです。「年金以外の小遣い稼ぎじゃなきゃやらない」と、ご本人たちはおっしゃっていますが……。

60歳以降、「これまで自分がやってきたこと」や50代の年収に近い待遇にこだわった転職を目指すか、再雇用を選択するか、はたまた気楽な時給1200円程度の転職を選択するかは、あなたの60代以降のライフデザインによります。

いずれにしても60代になっても仕事はいくらでもありますので、悲観的にならずに、ポジティブな気持ちで未来を描きましょう。

60代になっても仕事はいくらでもあるので、明るい未来を描こう！

02 シニア向け転職エージェントも充実

企業寄り、求職者寄り、コンサルタントの質で勝負、規模感で勝負、力ずくの営業力で勝負、アイデアで勝負など、多様なシニア転職エージェントがあるので、自分に合いそうな複数のエージェントの力を借りよう！

◉キャリアに応じて3社以上のエージェントに相談を

かつて「転職35歳限界説」といわれていた時代ですら、転職エージェントはハイクラスのヘッドハンター系から、マジョリティをターゲットにした規模感で勝負の大手エージェント、エンジニアに特化したエージェントなどと、差別化されていました。

そして、いつの間にか「転職35歳限界説」は過去のものとなり、シニア転職も当たり前となった令和の時代は、**シニアに特化した転職エージェントまで誕生**しています。

シニアを対象としたエージェントでは、ヘッドハンティング、ハイクラス転職、エンジニア転職、ＩＴ転職、顧問職などにカテゴライズされているので、自身のキャリアに応じて3社以上のエージェントに相談することをオススメします。

同じシニア転職エージェントでも、企業寄り、求職者寄り、コンサルタントの質で勝負、規模感で勝負、力ずくの営業力で勝負、アイデアで勝負、など多様なエージェントがあるからです。

力ずくの営業力というのは、片っ端から企業に営業をかけて、求人ニーズを引き出す企業のことで、転職エージェントの黎明期にリクルートなどが行ってきたベタなドブ板営業を続けて好業績を上げる企業も存在します。

力ずくという意味では、そうした求人ニーズにマッチする人材をヘッドハンティングするために、これまた力ずくで人材リストを収集しています。

上場企業や大手・中堅企業の人事異動の「異動ニュース」はもちろん、街角の建設現場にある「工事用法定表示板」「建設業の許可票」などから監理技術者の実名を集めるといった方法です。

お行儀が良いか悪いかは別にして、こうした地道な活動で人材の流動が加速されるなら、それはそれで日本経済にはプラスの影響を及ぼすのではないでしょうか。

◉良い「タイミング」に巡り合う確率を高める方法

このように多様なエージェントが存在しますが、肝心なのは自分の希望に合う求人の有無ですので、カテゴライズの異なるエージェントに複数アプローチしてほしいと思います。さらに、60歳以降で50代と同等の年収の転職先を見つけるのは、「タイミング」に大きく左右されるということも押さえておいてください。

エージェントのコンサルタントとしては、半年早かったらピッタリの求人があったのに……ということが非常に多いのです。

「同じ時期に、数社のエージェントに依頼しても、希望する会社がなかった」と、がっかりするのは早計です。

マスコミは、そうしたネガティブ情報のほうが多く読まれるので、そちらをフィーチャーしますが、その真実は「たまたまタイミングが合わなかっただけ」だったりするので、ネットや雑誌などの記事を鵜呑みにしないことです。

それより、60歳で転職するつもりなら、ある程度早い時期から転職活動をスタートさせ、**長期戦でタイミングを計りながら、チャンスを待つ**ことをオススメします。

転職活動を数年というスパンで複数の特性の異なるエージェントを使って行えば、良い「タイミング」に巡り合う確率も高まるはずです。早期定年制がない場合は、自己都合による退職によって退職金が半額になってしまわないような定年退職の時期を逆算しつつ、良いオファー、悪くないオファーの判断を行ってほしいと思います。

シニア転職は「タイミング」が何より大切なので、短期間の「良くない結果」で自信をなくしてはいけない！

03

得意分野、「これ」というものがキモ

55歳からは「何でもできます、やります」は逆にマイナスになってしまうので、まずは、どういう分野、表現でもいいので、「得意分野」からリストアップしてみましょう！

◉私が自分の強みを表現するなら……

55歳以降の転職では得意分野、「これ」というものがキモとなります。

例えば営業であれば、「新規開拓営業が得意で、コンスタントに新規で3億円の売上を上げてきました」というキャリアは、ベンチャーやスタートアップ企業においては非常に魅力的ですので、即戦力として期待されるでしょう。

あるいは、「営業パーソンの育成や目標達成のためのマネジメントが得意です」という人も、ベンチャーやスタートアップ企業だけでなく、中小企業の経営者の目に留まるに違いありません。

営業の場合は、数字で実力は判断できますし、自分の力で売ったのか、会社や製品の力で売れたのかは、エージェントやその先の企業で事実なのかどうかをチェックすることも可能ですので、分かりやすい得意分野になるでしょう。

また、IT技術者の中で、PM（プロジェクトマネージャー）やPL（プロジェクトリーダー）は何億円のプロジェクト、何千万円のプロジェクトという風にプロジェクトのシステムの内容と規模感でスキルの高さが判別できるので、IT監査なども含め、得意分野を表現しやすいと思います。

同様に技術者も、何の技術者で何を設計してきたとか、それがどれくらい売れたとかが表現しやすいはずです。

あるいは、そうした「セールスポイント」が明確にしづらいエンジニアでも、「技術者としては普通ですが、顧客とタフなネゴができる、英語も話せる」だけで市場価値は激変します。**そうしたエンジニアは、大手企業でも少ない**ので。

私が自身の強みを表現するなら、「①キャラ×②営業力×③企画力×④書く力×⑤まとめる力×⑥プレゼン力」と、最初にドカンと示すと思います。

そのうえで、②営業力⑥プレゼン力は、これまたドカンと定量、定性的に実績を示すでしょう。③書く力、⑤まとめる力は、エビデンスを分かりやすい実例で示します。

①キャラはオチを兼ねているので、転職活動ではカットしてしまうかもしれませんが、

逆に私の今の立場であれば、必須なのではないかと思っています。

③企画力、④書く力の話題が出たので触れておきますが、ライターの世界でも「何でも書けます」という人は逆に中途半端で、発注側からすると声をかけにくいようです。なので、仮に「ホラーが得意」であれば、「ホラー×家族で、ホームドラマを書いてみて」というオファーが出せるのだそうです。

●得意分野がない人は、「相対的強み」で考える

できれば55歳以降の転職活動には、3つくらいの得意分野があるといいのではないでしょうか。ただのアイドルよりも歌えて、踊れて、MCもできるアイドルのほうが稼げるのと同じで。

正直、「得意分野」と呼べるものがないという事務系の方も少なくないと思いますが、その際は「絶対的強み」ではなく、「相対的強み」で考えてみてください。

そもそも「絶対的強み」のある人は給与生活者を続けてはいませんので、結局、「相対的強み」で十分なのです。

さらに言えば、その「相対的強み」も偏差値60以上の必要はなく、**偏差値52・5程度の強みであっても3つ揃えば十分戦える**、と考えてください。

得意分野は、できるだけ具体的なほうがベターですが、どうしても具体的な表現にでき

なかったり、具体的にしようとすると陳腐な表現になってしまったりするなら、そのエビデンスとなるような具体的資料を添えるのも1つの方法です。

そもそも「絶対的強み」のある人は会社員を続けていないので「相対的強み」で十分戦える！　自信を持って！

04 最強の転職カードは「ツテ」

新卒や転職エージェント経由では希望する人材を採用できないことをすでに学習している中堅、中小企業の経営者は、「ツテ」を最大限に利用して、幹部人材やマネジメント層を採用しようとしている！

◉同じ釜の飯を食った仲間や紹介で人材を集める

さあ、ここからはとても大事な「転職の裏技」について共有していきましょう。

私はリクルートのＯＢですので、先輩、同期、後輩たちが、それは、それは、たくさんの転職エージェントを経営している関係から、どうしても様々な情報が入ってきます。

リクルートの歴史というのは、日本の転職の歴史でもありますので、時系列的にも、その変化にも、並走してきたと思います。

そのうえでの結論は、最強の転職カードは「ツテ」であると私は確信しています。

信じられないかもしれませんが、某外資系情報システム会社は、ＯＢがその会社からのシステム開発を請け負うＢＰ（ビジネスパートナー）企業を創業し、シニア社員の受け皿としての機能を担っているのです。

そのシニア社員の年収ですが、システム会社在籍時と同等で１０００万円を超えるそうです。しかも、現役時代にやっていた仕事どころか、現役時代に担当していた顧客のプロジェクトで、今までと同じ仕事をしていたりするわけです。

そのＢＰ企業のシニア社員集めは、「ツテ」です。かつて同じプロジェクトで同じ釜の飯を食った仲間や紹介によって、技術者が集められるのです。

前の項で紹介した、**自分がやってきた仕事で、50代での年収がそのままキープされる転職の好事例**だと思います。

あるいは、上場しているにもかかわらず知名度が低かったり、規模感が売上１００億円程度だったりすると新卒採用では苦戦し、中途採用もままならない中堅、中小企業が少なくありません。

そうした企業が社外取締役や監査役、あるいは役員、マネジメント人材が必要になった時に、経営者が最初に利用するのが「ツテ」です。

転職エージェントでは、希望する人材が採用できないことをすでに学習しています。

◉顔見知りのレベル、年賀状のやり取りレベルで十分

なので、有力な取引先や様々なルートの「ツテ」を駆使して希望する人材を探してくるのです。**役員、社外取締役、監査役の場合は基本、取引先本体の部長クラスが多いのですが、中には課長クラスでも声をかける場合があります。**

要は、採用したい側の社長が取引先から引っ張ってきた人にポストと希望を明示したうえで、「誰か、いい人いませんか?」と訊くわけです。

そうなると不思議なのは、かつての部下でもなく顔見知り程度の人であっても、希望に叶うことを優先して又頼みになったとしても、出身企業から人選してきます。

「ツテ」といっても、濃密な人間関係ではなく、顔見知りレベル、年賀状のやり取りレベルで十分というわけです。

銀行から取引先への転籍ではありませんが、「ツテ」経由の大手メーカーから中堅・中小メーカーへの転職は同様にポスト化されている場合と、あくまで人の「ツテ」つながりの両ケースがあるように思います。

私の最初の上司は、リクルートから子会社へ転籍となり、その後、完全に退職した後、10社程度を転々としていましたが、自分から「ツテ」を頼った転職だったはずです。

10社も転職するのが良いか悪いかは別にして、よく10社も転職できたものだと感心します。失礼な言い方ですが、転職エージェント経由では難しかったに違いありません。
「ツテ」があったからこそ、「ツテ」を利用できたからこそそのシニアのサバイバル戦略だったのではないでしょうか。

あなたも、シニア転職には「ツテ」という強力なカードがあるということを、念頭に置いてほしいと思います。

その具体的な「ツテ」の使い方は、次の項で紹介していきます。

POINT

「ツテ」は特別ルートなので、利用しない手はない。

05

リファラル採用で声がかかる機会を能動的につくる

「ツテ」や「リファラル採用」というのは、いかにも優秀な人が対象になるかと思いきや、ヘッドハンティングとは異なり垣根は低いので、上手に活用したい！

◉どうすれば自分に声がかかるようになるのか？

自社の社員の知人や友人を紹介してもらうリファラル採用は、もともと外資系企業で普通に用いられてきた採用手法でしたが、ここに来て日本企業でもＩＴ企業を中心に広がり、「リファラル採用」という単語も市民権を得てきたように思います。

リファラル採用のメリットは「三方良し」というか、知人を紹介した人も、紹介された人も、採用が決まった時点で10万円とか20万円とかのインセンティブが支払われますし、採用する企業側にも転職エージェントに採用する人の年収の35%～40%程度の報酬を支払う必要がありません。

さらに、社員の知人や友人ですので、身元が保証されていて、人材として大きく外れることがないのも魅力です。

日本企業の採用時のインセンティブは双方10万円～20万円程度ですが、外資の場合はこの数倍となることも珍しくありません。

ちなみに、かつて管理職3名を採用したい企業をリクルートの同期が役員を務めるエージェントに紹介したら、採用が決まった時に100万円近い紹介料を私にくれるというので驚いたことがあります、転職業界は、採用にそんな多額のお金が動くのかと。

エージェントに支払うコストを勘案すれば、このリファラル採用のほうがずっと経済合理性があるというわけです。

さて、この「リファラル採用」も前項の「ツテ」の一種でもありますが、シニア転職では、この「リファラル採用」というキーワードが一般化するずっと前から、実質的に広がっていました。インセンティブこそなかったものの。

では、どうすれば自分に声がかかるようになるのでしょうか?

正直、不公平と思うのは、この「リファラル採用」や「ツテ」のおかげで、こんなレベルの人でも上場企業の社外取締役になれるのかという人材が、しゃあしゃあと取締役欄に名を連ねてしまうこともあるのです。

社員にとっては事故や悪夢みたいな話ですが、オーナー企業ではこうした事態は珍しい話ではありません。

何が言いたいかというと、「ツテ」や「リファラル採用」というのは、ヘッドハンティングとは異なり、いかにも優秀な人が対象になるかと思いきや、そんなことはないのです。

◉自分の特色、意思を明確にし、発信する

そうした背景を理解したうえで、どうすればいいのか？

まずは、あなたは「何ができる人なのか」「何が得意な人なのか」という特色、そう、まさに自分の「色」を、誰にでもわかるように示し続けることです。

「妖精さん」「仕事しないおじさん」が大問題なのは、他の人の目には「何をやっているかよく分からない」無色透明な存在に映ってしまっているからなのです。

50代になったら、絶対に存在感を消してはいけません。

「自分は今、この仕事、プロジェクトに取り組んでいます」から始まり、周りの人が「○○さんは制御系に強い」「▲▲の設計をやらせたら～」「薬機法のことなら～」と認識できるようにしておきましょう。

そのうえで、「○○の仕事がやりたい」「▲▲みたいなプロジェクトがやりたい」と自分の意思を明確にして、周りに分かるように発信しておくことがポイントとなります。

部長、課長といったマネージャー層になれば、その実績は周りに伝わりやすいのですが、現在、課長以上は全体の2割程度です。

多くを占める非管理職のみなさんのスキルや実績は、アピールしないかぎりは埋もれやすいので、「何ができる人なのか」というセルフ・ブランディングを大切にしましょう。

また、社内外の人間関係を大切にするのは言うまでもありません。単なる顔見知りからも声がかかる可能性が大なのですから。

世の中には人脈のＨＵＢになるような人がいますので、そうした顔の広い人にも、あなたの存在を年賀状や定期的なコンタクトによってリマインドしてもらいましょう。

POINT

あなたの「特色」を誰にでも分かるように示し続けよう！

06 ハッピーな転職にはキーパーソンがいる

同じような学歴、職歴、役職にもかかわらず、60歳定年後の再雇用で新入社員並みの年収になってしまう人と、役職定年前の年収を確保できる人との差は、キーパーソンの有無に左右される！ それを「運」と呼ぶかどうかは、別にして。

◉本人のスキルや能力、人間性の問題ではない

役員や執行役員といった経営陣でなくても、**60代になっても50代と同等の収入が得られたら、どんなにか素晴らしいでしょう。**

ネット記事や雑誌の記事では連日、「手取り52万円、大企業勤務〈勝ち組部長〉……55歳で給与半減のキビシイ現実に『心もサイフも、ズタズタだ』」（幻冬舎GOLD　ONLINE）といった気になる記事が紹介されています。

ついでに言うと、60歳定年によって、その手取りはさらに半減するケースがほとんどです。

にもかかわらず、60歳定年以降、役職定年前の年収で、中堅、中小企業の役員になったり、月20万円程度の役員報酬ながら数社の社外取締役や顧問を兼務したりしている人も一定数存在します。

「一定数」という言い方をしたのは、世の中的には少数派と思いますが、私の周りでは少数派ではなく、多数派だからです。

同じような学歴、職歴、役職にもかかわらず、60歳定年後の再雇用で新入社員並みの年収になってしまう人と、役職定年前の年収を確保できる人との差は、いったいどこにあるのでしょうか？

それは本人のスキルや能力、人間性の問題ではなく、キーパーソンの有無と考えるのは私だけではないでしょう。

そのキーパーソンは、かつての取引先かもしれませんし、かつての上司かもしれませんし、はたまたシニア転職エージェントのコンサルタントかもしれません。

ハッピーな転職には必ず、キーパーソンが存在します。

周りから見れば、「ラッキー」としか言いようのない転職を果たしたシニアには、必ずキーパーソンが存在していると言っていいでしょう。

◉誰がキーパーソンなのか、探す意識を持とう

問題は、周りの人間関係の中で、誰がキーパーソンなのかが分からないことです。私自身も営業コンサルの仕事で売上１００億円前後の企業を担当すると、必ず「誰かいい人がいたら……」と紹介を依頼されます。

要は、「うちの会社に合う人がいたら、採用したいので紹介してください」という特定のポジションを指しての会話です。

なので、ふさわしい人がいたら声はかけますし、ダイレクトに声をかけられない場合は、近い人に、この話に興味を持ちそうかどうか打診するようにしています。

また、「ピン！」と来る人がいない場合は、仕事仲間に「○○業界で××ができそうな人いない？」と訊いていきます。

世の中にはそうした候補者を探している人がたくさんいますし、必ずあなたの周りにもいるはずなので、まずは誰がキーパーソンなのか、判別する意識を持ちましょう。

そのためには、一人で悩むことはせず、あなたが「信頼を置ける」と判断した人に相談してみることです。

ホントは、どこの会社も若い人を採用したいのです。マネジメント層にしても40代が欲しいに決まっていますが、氷河期世代、超氷河期世代と呼ばれた40代はどこの企業でも手薄ですから、「これは」という人材は、転職市場では大手に行ってしまうのです。

なので、職種によっては、60歳でも背に腹は代えられない現実があるのです。

そういう意味では55歳の役職定年時なら、さらに有利で、その時にキーパーソンに巡り合えるのが理想です。

そのためには「何ができる人なのか」というセルフ・ブランディングとその発信が大事なのと、20年前、30年前の人間関係も大切にしておきたいものです。

そういう意味では、年賀状に添える一言がキモだったり、SNSで旧交を温めることだったり、古い知人と久しぶりに会ってみるなど、**人間関係のメンテナンスが重要**になります。

POINT

身近なキーパーソンを探せ!

07

60歳でも強気でいい技術者、ＩＴ技術者とは……

60歳の定年退職時、特にＩＴ技術者は
マスコミの定年以降の暗い記事に影響されて、
悪い冗談のような年収の再雇用を
安易に選択してはいけない！

◉気持ちが暗くなるような記事を鵜呑みにするな

60歳の定年退職後のシニアの危機感を煽るネット記事や雑誌の記事が、あまりに多いのはどういうわけでしょうか？

もはや定番となった年金だけでは不足する「2000万円問題」から、住宅ローン破産、熟年離婚、親の介護、実家問題……などテーマは多岐に及びます。

毎日、毎日、様々なネットメディアが、気持ちを暗くする記事を流し続ける理由は、最も読まれる記事だからです。それだけ最大公約数的な関心事なのでしょう。

しかし、こうしたメディアの記事を鵜呑みにしてはいけません。そもそも同じ60歳でも、事務職と技術者という一番大雑把な分け方をしただけでも市場価値がまったく違うからです。

60歳の定年退職以降の経営人材以外の市場価値は、専門性、希少性で決まります。そういう意味では、事務職より技術者有利と言ってもいいでしょう。

もちろん、エンジニアではなくても、財務、法務、総務、特定の海外商務、貿易実務など高い専門性があれば、60歳以降の仕事に困ることはないはずです。

ですので、定年直前、定年準備期に、特に技術者、IT技術者はマスコミの60歳以降の暗い記事に影響されて、**悪い冗談のような年収の再雇用を安易に選択してはいけません。**

もちろん、技術者といってもコモディティ的な専門性のない技術しかないという自覚があるのなら再雇用がベターかもしれませんが、そうでないなら、自身の市場価格を知ってから判断すべきです。

設計、ソフトウェア開発、生産管理、施工、施工管理、保守、メンテなどの分野で技術者の数が足りず、営業の段階で辞退せざるを得ない企業が、山ほどあるのです。

これは、中堅企業、中小企業だけでなく、大手企業の一角も同様で、さらには技術の承継も待ったなしで、30代、40代の層が薄い中で若手が育つまではシニアに踏ん張ってもらわなければ、企業存亡の危機となってしまうのが現実です。

ですから、シニアの技術者には70歳になってもずっと需要があるのです。当然、本人が望めば分野によっては70歳を過ぎても。

ＩＴ業界もＤＸ、ＡＩといった最先端の技術者は引く手あまたでしょうし、そこまで先進性はなくても、とにかくすべての企業のＤＸ化推進によってインフラ系、アプリ系ともＩＴ技術者不足は深刻です。

こちらもＩＴ技術者、ＰＭ、ＰＬの数が足りずに、入札辞退が頻発しているのです。

さらには、大きな声では言えませんが、人月単価が安いシニア技術者のおかげでプロジェクト自体がかろうじて黒字という向きもあるのです。

◉「展示会」を有効に活用しよう

気力、体力とも疲弊してしまってパフォーマンスが落ちているのであれば話は別ですが、まだまだ若い者には負けないという自負があるのなら、是非、新天地への転職も選択肢に加えておきましょう。

もちろん、転職エージェントの門を叩いて自身の市場価値を知ってほしいのですが、能動的な転職のためには取引先や「展示会」を有効に活用してほしいと思います。

取引先が、自身の持つ技術にどの程度興味があって、そこに不足感があるのかどうかを、遠回しにでも確認しておきたいものです。

「展示会」というのは、**自身の技術を必要としている中小企業を探す就職先サーチとして利用する**のが狙いです。

大手の技術者が中堅・中小企業の開発部門や技術部門の役員や部長として迎えられるのは珍しい話ではありませんが、そのきっかけが「展示会」で、転職エージェントなどが介在していないケースがあるのです。

逆に言うと、特定の領域の開発や生産、製造部門の技術のトップやメンバーを採用したい中堅、中小企業では、コストがかかって外れも多い転職エージェントを利用するより、「展示会」で候補者や顧問、アドバイザーを探そうという向きもあるのです。

ある意味、ＷＩＮ―ＷＩＮというわけです。

POINT

自分自身の市場価値を知ってから、定年後の人生設計をしよう！

08

55歳以上の転職活動は営業活動である

こっそり伝授、最強の裏技！
シニア転職には、
自己推薦的な飛び込み転職活動という
裏ルートがある。

◉運や人間関係にはまったく左右されない方法

新人に営業を教える際に、「営業とは、まずは自分を売り込むことだ」とか「商品やサービスを気に入ってもらう前に、まずは自分を気に入ってもらおう」などと指導することがあります。

営業畑とはまったく異なるキャリアを歩んできた人には「？・？・？」かもしれませんが、55歳を超えた会社員のみなさんで転職が念頭にある人には、最強の裏技として、転職活動にほんの少し営業活動の要素を加える奥義(おうぎ)を共有しておきたいと思います。

ヘッドハンターや転職エージェントのみなさんには「ゴメンナサイ」ですが、リファラル採用もますます浸透するでしょうから、それと同様ということで……。

この方法、端的には入社したいオーナー企業を探して、オーナー社長か会長に手紙・履歴書・職務経歴書の3点セットで「履歴書・職務経歴書在中」と明記のうえ、送付するのです。

この方法、「ツテ」や「リファラル採用」とは異なり、運や人間関係にはまったく左右されず、自身の実力、熱意といった真水の部分で100％勝負できる方法です。

私は、この方法を人材流動化の仕組みとして、特にシニア転職での領域で流行らせたいと思っています。


ヘッドハンターや転職エージェントといった利益団体とは、まったく関係のないところで転職活動を進めるのもアリかと。

実はこの方法は、シニアよりもっと若い世代の転職活動で密かに成果を上げてきた裏技です。

すでに共有したように、中堅、中小企業はいくら予算をかけても、新卒でも中途でも希望する人材を採用するのが至難の業で、親戚やツテを頼るしかなかったり、「もう採用できない」と媒体やエージェントを用いた採用活動を諦めてしまったりしている企業さえ少なくないのです。

つまり、求人広告やエージェントには登場しないけれど、求人意欲のある中堅・中小企業は、潜在的には求人中の企業よりよっぽど多いのです。

それが事実ですので、この自己推薦的な飛び込み転職活動の最初の行動は、自分のキャリアが活かせ、やりたい仕事ができそうなオーナー企業のリストアップになります。

「オーナー企業」と限定しているのは、オーナーの判断で決まってしまうので話が早いからですが、採用で苦労している企業であれば、非オーナー企業の社長でも可能性はあるかもしれません。

念のため、私の知る規模感のあるオーナー企業経営者のすべてにヒアリングしていますが、**この方法による履歴書と職務経歴書が送られてきたら、ほぼ100％のオーナーが開封する**そうです。

他のDMと同様に、そのままゴミ箱行きになると思われるかもしれませんが、採用の余力がない企業以外は興味を示してくれるのです。

しかも半数以上のオーナーは、「会って、戦力になりそうなら、採用してみる」というのです。

◉希望する業界、オーナー企業を探すのは簡単

さて、新規開拓営業のキモは、最も受注確率の高い見込み客のリストアップになります

が、この自己推薦的な飛び込み転職活動も同様です。

希望する業界のリストは簡単にネットで検索できますし、大きな図書館に行けば、様々な業界のリストが閲覧できます。

オーナー企業かどうかは、図書館の帝国データバンクなどの会社年鑑の株主構成でチェックできますので、試してみてください。

会社年鑑には近年の売上、利益推移も掲載されていて、業況から採用意欲も推察できるので、参考にするといいでしょう。

職種によっては、業界が違っても、必要とされることもあるので、**こうした会社研究は是非とも55歳からスタートさせたい**ものです。

リストアップされた企業のオーナーに送付する履歴書、職務経歴書については、次の項で詳説します。

POINT

入社したいオーナー企業を探して、オーナー社長か会長に、手紙・履歴書・職務経歴書の3点セットを送付してみよう！

55歳からの職務経歴書の書き方

ChatGPTの助けを借りれば、自分で書くよりも上手な職務経歴書を書いてくれると思いきや、シニア転職用の職務経歴書となると、ちょっとした「お作法」がある。まずは、そこを知っておきたい！

◉最初からオーナーの興味・関心を喚起するのが鉄則

ネットで検索すれば、職務経歴書の書き方やフォーマットだけでなく、業種ごとの記述例まで簡単に入手できる時代となりました。

下手をすると、いま話題のChatGPTの助けを借りれば、自分で書くよりも上手な職務経歴書のひな型を仕上げてくれるかもしれません。

しかし、もちろんドラフト段階で参考にするのはいいのですが、シニア転職用の職務経歴書となると、**ちょっとした「お作法」**があるので、ここで紹介したいと思います。

特に前項の自己推薦的な飛び込み転職活動の場合は、職務経歴書の一番の「売り」の部分を抜粋して「手紙」の冒頭に書いてしまって、最初からオーナーの興味・関心を喚起するのが鉄則です。

①鉄則1

職務経歴書を書くスタンスとして、ただ「自分の職務経歴をまとめる」のではなく、「自分の職務経歴を通じて、相手の興味・関心を喚起する」意識で書きましょう。相手の注意・関心を引くポイントをつくり出したいのです。

②鉄則2

職務経歴は「事実、数字、成果」といった切り口でまとめること。例えば、食品会社の営業課長だったとしたら、担当していたエリア、量販店、売上規模と伸長率といった数字の部分以外に成果の中味を細かく記述してください。

バイヤーだけでなく、その上の部長との人脈や単なる価格対応や販促協力で売れたのではなく、どんなエリア戦略、営業戦略、営業施策で成果を上げたのかを具体的に書くのです。

その内容に光るものがあれば、かなりの確率で前に進めます。経営者がシニア職務経歴書で最も重視しているのは、そこです。戦略立案、施策立案のコンセプチャルな部分の強さが読み取れないとシニアを雇用するメリットはないので、採用する側の立場で考えてみましょう。

③鉄則3

読み手が目を留めるポイント、興味を引くポイントを意識しましょう。例えば、

「この人、本質が分かっている」

「キントーンにも強いんだ」

「一級建築施工管理技士の資格を持っているんだ」

といったことです。

④古い順か、新しい順か

シニア転職の場合は「新しい順」がベターです、相手が知りたいのは現在から遡って10数年がメインになりますので。

⑤分量

1～2枚をオススメするネット記事が多いのですが、シニア転職の場合は詳細が分かったほうが良いので、3枚程度になっても構いません。

ただし、自己推薦的な飛び込み転職活動で、3枚以上になる場合はセールスポイントに絞って、サマリー的なものを「手紙」の冒頭に記載してください。

⑥資格欄

「普通自動車第一種運転免許」以外の資格がない場合は、資格欄が運転免許だけでは寂しいので、資格欄を「資格・特技」にして、その会社が好みそうな特技から記載するのが良いと思います。また、大学院卒の人は「学位・資格」とする手もあります。

⑦自己ＰＲ

自己ＰＲで心がけたいのは、「自分は何ができる」「どういう強みがある」「どういう実績がある」といったことをアピールする時、そうしたスキルが「いかに御社の役に立てるか」のほうにウエイトを置くことです。

できれば、その時、「ああ、この人はうちの業界に精通している人だ」とか「うちの会社について、よく知っている」という印象を与えてほしいと思います。ここのキモは「相手の心に働きかける」ことですので、その意識を忘れないでください。

そのための準備として、その会社のことをよくよく調べることはもちろん、その会社について知っている人がいれば、それとなくその会社についてヒアリングして内容を把握しておきましょう。

POINT

職務経歴は、「事実、数字、成果」といった切り口でまとめる。

10 大手企業から中小企業への転職で気をつけたいこと

中小企業に移って初めて知る現実……。これまでどれだけ「ヒト、モノ、カネ、情報」に恵まれた環境で仕事をしてきたかに気づき、求められる仕事の守備範囲の広さにも一瞬、たじろぐかもしれない。でも、大丈夫。すぐに慣れる。

◎今あるものを使って、育てて、成果を出す

大手企業の定年退職者、もしくは早期定年退職者の多くの受け皿となっているのは、中小企業やベンチャー企業です。

世の中には大企業の待遇をしのぐ中小企業もあれば、ものすごい技術を持った中小企業も少なくありません。

しかし大手から中小に移った人は、頭では「郷に入れば、郷に従え」という意識で新天地に向かうものの、正直、次の二点には面食らうようです。

まずは、「人材、予算、設備も何もない、ないないづくしの中で、短期間に求められる成果」

です。

短期間で求められる成果については、すべての中小企業に当てはまるとは限りませんが、「人材、予算、設備がない」という点は、ほとんどの転職者が前職と比較してしまうため、最初のカルチャーショックとなりやすいようです。

中小企業に移ってみて初めて、前職の部下や若手がどれだけ優秀だったかを思い知らされたという経験者も少なくありません。

自分で考えることをせず、同じことを何回も聞いてくる人は前職にもいましたが、管理職なのに予算計画の立て方を知らない、開発の根本である理論的な知識を持った人が退職して空席のままといったことも。

情報システム部門にＪａｖａを使える人材がいなかったり、「パーセントの求め方」もおぼつかない若手社員であったりしても、なんとかして上手に教育して戦力にしていくのが中小企業のルールです。

「使えない人は取り替える」という、異動を前提とした古き良きエスタブリッシュメント企業のやり方は通用しないのです。

つまり、方法は問いませんが、現有戦力を育てて、駆使して、成果を出すしかないのです。「〇〇では～」と前職でのやり方を言ってはみたところで、それを実現できるヒト、モノ、カネ、情報があれば、「いいヒント」になるかもしれませんが、実現性が乏しいと、単なるないモノねだりになってしまいます。

ですので、ここはある意味パラダイムシフトで、現有の「ヒト、モノ、カネ、情報」×自分」で最大限成果の上がる計画からスタートしましょう。

開発のための設備も試作品の測定のための計測器を自前で持っていなくても、どこかの計測器を借りるなり、計測を外注するなど、知恵を絞って進めなくてはなりません。

前職と比較せず、ゼロセットで、今あるものを使って、育てて、成果を出す方法を思案していく覚悟が大切になります。

大手企業出身者が中小に移った際に直面する二つ目の壁は、「守備範囲の広さ」です。よく「歯車」という言い方をしますが、大手企業は求められる仕事の守備範囲は歯車のほんの小さな一つであって、狭い領域で済まされているのです。

例えば、最も守備範囲の広そうな「総務部」でさえ、「ファシリティー担当」といった具合に細分化されているのです。

ところが中小企業では、すべての総務部の機能にさらに、財務、経理、人事の機能がくっついて管理部になっていたりするのです。

◉専門分野を増やし、業務範囲を広げておく

大手企業の人事部の課長から中小企業の幹部の課長職に転職したMさんは、経理、財務の仕事まで任されるようになって、会計システム上のミスに気づかず誤って承認してしまったことがあり、慌てて経理の勉強を始めました。

まあ商学部の出身ですので、勉強して何とかなったのですが、プロパー社員は大手から転職してきた管理職を歓迎しているわけではないので、「大手出身でも、こんなもんかよ」と、冷ややかだったり、お手並み拝見だったりするのです。

応援はしてくれない、ということです。

そんなことで、中小企業への転職を想定している場合は、55歳からは仕事の守備範囲を広げるために、専門分野も増やすとともに「お手伝いならできる程度」の業務範囲を広げておきましょう。

同時に、その分野で分からないことがあった時に、**教えてくれる指南役を業務ごとにつくっておく**ことオススメしたいと思います。

POINT

あらかじめ現実を知って、準備しておけば、すべて対処できる!

中小から中小への転職

中小企業から中小企業に
シニア転職する人の数は多いが、その際、
中小企業ならではの気をつけたいポイントがある。
それは何か？

◉大企業からの転職より「いいお見合い」になる

「2021年版　中小企業白書　小規模企業白書」によれば、日本の従業員の約7割は中小企業に勤務しています。東京以外の道府県の99％は中小企業ですので、それも当然の結果です。

大手企業ほど退職金も予定されている年金も多くはありませんので、中小企業を定年になった人も、転職して働き続けることが基本線のようです。

現状、大手企業の多くが50代、60代社員に余剰感を持っていることから、**中小企業を定年退職し、大手企業に転職するケースはほとんどありません。**

逆に中小企業から中小企業にシニア転職するパターンですが、実は大企業からの転職よりむしろ「いいお見合い」になるように思います。

中小企業はどちらかというと狭い業界である場合が多いので、業界内である程度人材が流動する傾向もありますが、定年退職後に同じ業界の別の企業に転職したり、顧問として迎えられたりすることも少なくありません。

狭い業界がゆえに、仕事のできる人は「顔」となっていたりするので、役員や管理職は定年退職後も同じ業界の別の会社で同じ仕事をしていたりします。

同じ業界内の知った人の転職ですので、大手企業出身者の守備範囲の狭さや中小企業の仕事の進め方への適合性の問題もありません。

さらに、最初から力量も分かっていますし、戦力としての計算も立ちやすいようです。

また、中小企業というのは、人材の層も厚くはありませんし、これまでも触れてきたように、新卒や中途採用で非常に苦戦していますので、中途退職や定年退職で出てしまった欠員を埋めるためには、同業界の定年退職者や50代を採用することもアリなのです。

待遇面でも大企業ほどではありませんから、年収の激減によるモチベーション・ダウンというリスクも考えにくいでしょう。

◉中小企業ならではの気をつけたい3つのポイント

次に中小企業への転職で気をつけなければいけないことを3点、紹介しておきましょう。まずは、経営状態です。これは与信会社の評点で判別できますので、必須と言えるでしょう。同じ業界や、近い業界であれば、経営状態が芳しくない場合は、噂になることが多いので、何らかのマイナスの兆しがあれば避けたほうがいいかもしれません。

二つ目は、オーナーとの相性です。

中小企業はオーナー企業が多いので、オーナーと合うかどうかもポイントにしたいところです。オーナーの経営能力と人柄なのですが、初代はともかくとして二代目、三代目となると、お家騒動の火種となるような経営者も散見されるので、業界内の評判やネット情報なども参考にしましょう。

要は、癖(くせ)が強すぎるオーナーの下では何かと働きづらかったり、仕事のできない親族たちばかりが上にいると他の社員がクサってしまったり、こちらも閉塞感満載の職場になりやすいので、要注意です。

最後は、入社してみないと分からないことも多いのですが、中小企業の場合、異動がほとんどないので、人間関係が濃密で固定化しやすいという特徴があります。

大企業であれば、仕事でやりづらい人がいても、人事異動によって人間関係がシャッフルされるまで待つか、待てないなら自己申告制度を利用して異動を申し出ることも可能です。

中小企業はそれができないので、**人間関係における多少のリスクは想定しておかなければなりません。**

もちろん、シニア転職ですので、メンタルがおかしくなるほど人間関係に支障があるなら、さっさと見切りをつけて、別の中小企業に移ってしまうのが得策です。

中小企業が持つ独特の転職の落とし穴には、あらかじめ備えておこう!

12 高キャリアのマンション管理人、タクシードライバー、警備員……

元判事が定年後に居酒屋を経営し、元IBMの部長が定年後に保育士として働いていることをどう思いますか？出身校やキャリアに左右されない、自らの意志で自己決定できる働き方こそ、人生を豊かにする！

◉世間体など気にせず、ホントに好きな仕事をする

二項対立の第3章、「プライドを大切にするか、プライドなんてどうでもいいか」でも一部触れましたが、意外と言っては失礼かもしれませんけれど、前職とはまったく想像もつかないセカンド・キャリアを選択する人がいます。

もう20年ほど前になりますが、還暦を期に判事を依願退官し、辻調理師学校に入学、翌年、居酒屋を開店させた岡本健さんは話題となり、本やテレビの番組でも紹介されました。

NHK出身者の居酒屋や電通出身者のラーメン店、リクルートOGの割烹やバーには行ったことがありますし、TBSのOBが経営するダーツバーには息子が通っていました。

また、東大出身のリクルートの元役員は蕎麦懐石の店を経営していたこともあるので、飲食店の開店には驚きませんが、さすがにＩＢＭの元部長が保育士になっていることには正直、驚きました。

保育士の資格を取って、実際の保育園で週3日勤務しているのですから……。

「じじせんせーい」と子どもたちが駆け寄ってきてくれることが、今のいちばんの喜びだそうですが、やはり「なぜ、保育士に？」と思ってしまいます。

達観しているというのか、最初のキャリアで「やり切って」いるのか、セカンド・キャリアは**自分がホントに好きなことや、喜びが実感できること、健康維持に役立つこと、生活のリズムをつくりやすいこと**、といった思い思いの動機や目的で仕事を選んでいるのでしょう。

マンションの管理人に応募してくる人が、なかなかのキャリアで倍率も高いというのも正直に言って意外でしたし、タクシードライバー、警備員、新聞配達、入力作業などにも多くの方々が粛々と従事しているのです。

ネットニュースでは、盛んに大学の序列順の就職先ランキングや地域ごとのテーマ別で大学ランキングを盛んに報道しますが、日本のトップレベルの大学出身者が60代になって警備員や新聞配達を好きでやっていることを、どう受け止めますか？

世間体など気にせず、それこそ、「人はそれぞれ。自分が良ければ、それでいい」という発想は人として成熟しないとなかなかできないので、これはポジティブに受け止めざるを得ません。

受け止めるどころか、大いに見習ったほうが成熟社会の現在では、豊かな60代以降になるでしょう。

◉「ライス」と「ライフ」が重なる働き方もアリ？

よく「ライスワーク」と「ライフワーク」という言い方をしますが、それこそ二分割思考ではなく、積集合的（せきしゅうごう）に「ライスワーク」と「ライフワーク」が重なる部分での働き方も60歳以降はあるのかなぁと。

まさに、人それぞれでウエイトはライスのほうに乗せてもいいし、ライフのほうに乗せてもいいし、それを自由に自己決定できるのはシニアゆえの特権に違いありません。

60歳の定年時にそれをいきなり決めることはできないので、55歳からの5年でじっくり、そのあたりを計画していくのがいいと思います。

また「ライスワーク」や「ライフワーク」とは別に、**シニアになって「オブリゲーション（義務）」を意識する人もいるでしょう。**

家業を継ぐ決断、継がない決断。家業までいかなくても、実家の田畑山林の管理をどうするのかを思案している人も、たくさんいるはずです。
「二拠点生活」でも触れましたが、草刈り機で実家の周りの草を刈り、エンジン付きバリカンで庭木の剪定をしている時は、それなりのやりがいもあるのですが、これらの仕事は外注したほうがよっぽど経済的と思うこともあります。

法人営業コンサルタントとビジネス書作家との二足の草鞋（わらじ）生活とはいえ、出自は材木屋の11代目ですので、チェーンソーや草刈り機くらいは自由に使いこなせないと……という考えもあって、自ら汗しています。

「レッドネック」とは、野外で働く人を侮蔑した言葉ですが、毎度、毎度まさに草刈りで首の後ろが日焼けしている自分を恥ずかしく思ったことは、一度もありません。自らの意志で自己決定しているので。

60代でタクシードライバー、警備員、新聞配達、入力作業などに従事する人も同じような心中なのではないかと推察しています。

POINT

自らの意志で自己決定する働き方がもたらすものは「自由」。

13 女性には絶対オススメしたい士業、税理士、宅建、司法書士

社会から必要とされ、しかも80過ぎまで第一線で仕事ができる「稼げる」資格を検討しない手はない！50代からでも十分間に合う「稼げる」資格とは？

◉80代になっても現役バリバリで働ける幸せ

あえて「女性には〜」なんて性差に限定した話なんてしたくないのですが、正直、60代の女性の転職は、男性以上に選択肢が限定されてしまうのは事実です。

もちろん、これまで述べてきたように、年齢、性差なんて言っていられないほど人手不足の業界から、これまでの定番だった職場以外にも門戸は徐々に広がっているのは確かです。これは、働く人にとっては良い傾向と言えるでしょう。

しかしながら、この本の女性読者層に特にオススメしたいのは、資格取得の道で、中でも絶対に「士業」を推したいと思います。

それというのも、**そもそも定年がないからです。**事務所に属せば定年という言葉はあるかもしれませんが、それが80歳くらいだったりするので、ほとんど意味はないと思います。

定年を気にせず、ずっと働けるのは素敵なことでないでしょうか。

実は、偶然なのですが、顧問税理士を探している時にたまたまネットで見つけた、都内の自宅近くの一番大きな所員20名程度の税理士事務所に、群馬の同じ町出身の「おばあちゃん税理士」がいたのです。

しかも、後に私の母の実家近くの出身で、母の従妹とは高校時代からの現在までずっと親友ということが発覚。〝世間は狭い〟と驚いたものです。

最近、定年になったと聞きましたが、80歳か、それ以上だったはずです。

税理士ばかりではありません。数年前、私名義の河原の一部を売却した時の登記の担当司法書士は、さらに年上の「おばあちゃん司法書士」でした。80代前半だったと思います。三十数年前の祖父の相続の時にお世話になった司法書士の方の話をしたら、ご存じで盛り上がりましたが、80代になっても現役バリバリで仕事ができるのは幸せなことだと痛感しました。

お二方とも人生の途中は子育てで、一時、仕事をセーブしていた時期もあったそうですが、子供に手がかからなくなってからは第一線で、しかも子供が独立してからは、まるで本番を迎えたように60代、70代が仕事の黄金期だったように活躍されたそうです。

社会から必要とされ、しかも80過ぎまで第一線で仕事ができたのは、「資格」による効用なのではないでしょうか。

「資格」といっても、「食える資格」です。

◉リクルート同期の経理部女性が今は一級建築士

「司法書士」は確実に「食える資格」ですが、難易度が高いので、誰にでもオススメというわけではありません。

一方、「税理士」は「公認会計士」とは異なり、「一発合格」の必要がなく、「科目合格」を重ね、数年計画で必要科目の合格をすればいいので、コツコツ努力ができる人に向いていると思います。

あるいは、他人の面倒が苦にならず、人とのコミュニケーションが苦手でないとか、むしろ好きという方には、難易度の割に「食える資格」の代表格である「宅建」をオススメします。

リクルート同期にバリバリ文系で経理の配属だったのに、今は「一級建築士」として還暦になっても現役で働いている女性もいます。最初は「二級建築士」の資格を取ってインテリア関係の仕事をしていましたが、40代で「一級建築士」になっていました。80代まで働くのは難しいかもしれませんが、医療系、介護系はとにかく人手不足ですので、興味があるなら資格を取っておいても損はないと思います。確実に食えますので。

コツコツ勉強するのが苦にならないなら、その先にある仕事が**「これなら、できそう」という分野の「食える」資格取得はオススメです。**

難易度、好みに応じた「稼げる」資格があるので、是非、この本の読者には検討してほしい！

第６章

ハッピーなセカンドキャリア（ハッピーワーク）～起業、開業編～

01 起業でも「ローリスク・ミドルリターン」の世界がある

「起業を望ましい職業選択」と考える日本人の割合は24・6％！
大多数がリスクを恐れて起業に手を出さないので、
逆に成功率が上がってしまうという現実。
時給1200円程度の再雇用なら、起業の可能性も検討しよう！

◉英国やドイツと比較しても、起業への意識が低い

今も昔も、設備投資や従業員不要で始められる仕事はいくらでもあります。しかも、ローリスクな割にハイリターンとは言いませんが、ミドルリターンくらいの仕事が結構な数であるものなのです。

「かつて」というか、現在50代のみなさんが社会に出た時分は「机と電話だけあれば……」と表現されていましたが、現在ではパソコン1台とネット環境さえあれば始められるということになるでしょう。

よく、欧米、中国と比較して日本における起業への意識の低さが指摘されますが、

2022年10月の内閣官房「新しい資本主義実現本部事務局」の資料では〝起業を望ましい職業選択〟と考える人の割合は、中国、米国、英国、ドイツ、日本で、それぞれ79・3%、67・9%、56・4%、53・6%、24・6%となっています。

中国、米国とは国としての背景が違い過ぎるので、その差を比較してもあまり意味はないかもしれませんが、歴史的にも社会的にも日本に近い英国やドイツと比較しても、半分にも満たないのは驚きです。

ここが、みなさんと共有したいポイントで、大多数がリスクを恐れて、起業に手を出さないので、逆に成功率が上がってしまうという事実です。

給与所得者として1000万円プレイヤーになるのは結構、大変で、全体の5%弱とされていますが、**起業して1000万円の事業収入を得るほうが難易度は低い**と考える理由は、まさにそこです。

なぜなら、給与所得者としての年収を決めるのは、自分自身でありません。下手をすると自分がどんなに高い業績を上げても、事業部全体の業績が芳しくなければボーナスは下がり、年収も頭打ちどころか下がってしまいます。

◉起業であれば、自分と未来は変えられる

どんなに頑張っても昇進、昇格しないかぎり、日本企業の場合、年収はさほど変わらないのです。もちろん、ボーナスや昇給で多少年収が増えることもありますが、原資が限ら

れているので、「頑張った分だけ収入が増える」ことはないでしょう。

しかも、その収入を決めるのは評価する上司や経営陣であって、それが正当な評価なのかどうか疑問を持ってしまうこともあるでしょう。

だいたい、59歳の時と再雇用となった60歳でまったく同じ仕事をしているにもかかわらず、年収が半減したり、３分の１になったりすることに「納得」はし難いはずです。

一方、起業であれば、「自分と未来は変えられる」ために、顧客さえ開拓できれば、上司にも人事制度にも制約を受けずに、いくらでも自由に稼ぐことができます。

「寄らば大樹の陰」「安定志向」と揶揄（やゆ）されてきた日本人ではありますが、60歳以降の再雇用の年収が時給１２００円レベルであったなら、「寄らば大樹」でも「安定」にもならないでしょう。

みんな起業を恐れ過ぎているというか、反射神経的にリスクをあまりに恐れてしまい、自分自身に実現可能なローリスク・ミドルリターンの選択肢の発想が広がらないのではないでしょうか。いわゆる「寄らば大樹の陰」「安定志向」がもたらした「思考停止」という副作用によって。

ですから、あなたのシニア起業の可能性を探れるように、以下の項で、よりイメージがつきやすいような具体的な話を紹介していきます。

起業は、最初のアイデアで軌道に乗せるというイメージがありますが、実際は、何度か軌道修正を繰り返しながらなんとか軌道に乗せることのほうがよっぽど多いのです。しかし最初が肝心なので、「何をやるか」「どのようにやるか」の二点を想定しながら読み進めてください。

マイクロ起業・スモールビジネス

あの「漢字検定」でさえ、スタートは定年退職となった校長先生が始めた小さな漢字教室だった。どんなリスクがあったのだろうか？シニアこそ、マイクロ起業を目指そう！

◉好きなことを仕事にして自由に稼ぐ1人起業

ローリスク・ミドルリターンの具体策としてオススメしたいのが、マイクロ起業・スモールビジネスです。

要は、事業拡大や株式公開ではなく、好きなことを仕事にして自由に稼ぐ1人起業のイメージです。

建設業や設備系でいうところの、ポジティブな意味での「1人親方」と同類です。

始まりは、好きなことをして自由に稼ぐという動機であっても、成長してしまって予期せぬエグジットによって売却利益を得るというケースも少なくありません。

ちなみに、今となっては日本人で知らない人のいない「漢検」。

始めた人と大きくした人たちは異なりますが、誕生は定年退職となった校長先生が始めた京都の小さな漢字教室でした。

大ブレイクするのは1992年の文部省の認定資格になってからですが、1988年に現地で関係者から「漢検を英検みたいにメジャーにしたい」と相談されて、「英検と違って実利がないから」と思ってしまった自分の先見性のなさを情けなく思っています。


もちろん、漢検の場合は例外中の例外で、定年後のマイクロ起業というか漢字塾がそこまでメジャーになってしまった例ですが、ここで共有したいのは「好きなことを仕事にして自由に稼ぐ1人起業」が前提です。

起業といっても、開店も含めますし、1人ではなくなってしまうかもしれませんが、事業承継でビジネスや店を買うとかフランチャイズに加入することも含めます。


ある商社の早期定年制に応募した50名の中でも、何人かはマイクロ起業を果たしました。

ちなみに、

●社労士の資格を取って事務所を開業　●人材紹介業を開業
●お好み焼き屋を開店　●カフェを開店
●焼き鳥屋を開店　●地元に戻って飲食店を開店

といったところです。

今で言うところのプライム上場企業には、お店を開店した人が多い印象です。

ただ、飲食店の2年後生存率、3年後生存率は、それぞれ50%、30%ですので、正直、推奨しづらいものがあります。

◉マイクロ起業、「寄業家」として成功する3原則

逆にむしろ、この本の読者のみなさんには、やはりBtoCではなくBtoB、つまりは顧客が企業であるビジネスをオススメしたいと思います。

私のリクルート時代からのメンターである藤原和博氏は著書の中で、「起業家」ならぬ「寄業家」という、実に言い得て妙なキーワードを創作しましたが、まさにそのゾーンの可能性を探ってほしいのです。

さらにマイクロ起業、「寄業家」として成功するための3原則を紹介したいと思います。

①下請けにならない

そもそも下請けになってしまうと「好きなことを仕事にして自由に稼ぐ」という出発点が揺らいでしまいます。

おカネにならない打ち合わせや提案、見積り、調整、雑務が多くなり、しかも間を抜かれるので、「時給」が著しく低下してしまうのです。

せっかく起業しても業績は元請次第では、心境は会社員時代と一緒になってしまいますので、できるだけ避けたいものです。

②価格決定権を持つ

相手から「○○万円でやって」を請けるかどうかではなく、必ず、こちらから見積りを出して検討される体(てい)にしましょう。

仕入れが原価のあるビジネスの場合だと、そもそも1人起業では不利になってしまいますので、最初から「この金額でも発注したい」と相手が思ってくれるであろうビジネスを選びましょう。

価格決定権を持てるビジネスかどうかを「何をやるか」の判断基準にしてほしいと思います。

③継続されやすい

単発で終わらない、継続ビジネスを狙ってほしいと思います。例えば人材制度や仕組みに入るとか、システムの保守を任されるとかのビジネスです。

客単価600万円以上であれば理想的ですし、300万円の仕事、100万円の仕事を数社という組み合わせでも1年の収益の計画が立ちやすいのではないでしょうか。

まずは、そうした相場感のビジネスを模索してみてはどうでしょうか。

POINT

すべては、「何をやるか」から始まる!

03 これまでのキャリアを活かせること

偏差値52・5以上の得意分野が3つあれば1人起業しても食っていけるし、競争力のある強み、圧倒的強みであれば、たった1つの得意分野であっても、サラリーマン時代の数倍の収入を得られる!

◉自身の強みやスキルを「掛け算」して商品化

前の項で、ローリスク・ミドルリターンの話をしましたが、そのローリスクの根拠となるのが、あなたのキャリアです。

これまでのキャリアが活かせること、**あなたのスキルを活かせるシニア起業をオススメしたい**のです。

もっと具体的に表現するなら、「あなたのスキルのマネタイズ」ということになるでしょう。

そのスキルですが、得意分野が3つあれば1人起業しても確実に食っていけるでしょうし、競争力のある強み、圧倒的強みであれば、たった1つの得意分野であってもサラリーマン時代の数倍の収入を得ている人も少なくありません。

「得意分野が3つ」というのは、いたずらにハードルを上げてしまっているようにも思えるので補足しておきますと、自身を過大評価している人、過小評価している人のギャップがあまりに多いので、まあ偏差値に例えれば52・5を超えている相対感で大丈夫ということを共有しておきたくて……。

例えば、

①設計技術×②業界内の人脈×③交渉力

①新規開拓営業×②コミュニケーションスキル×③リテラシー（書く力）

①食品営業のスキル×②全国の量販店との人脈×③営業パーソンの育成

みたいな話で、ご自身の強みやスキルを「掛け算」して商品化するのです。

もちろん、強みやスキルが3つ以上あれば、さらに良いですし、そこに何かをリスキリングして加えるのも良いでしょう。

スキルのマネタイズは、相対的強みやスキルの「掛け算」からスタートします。

給与生活者としての人生が30年以上の長期間に及ぶと個人のスキルのマネタイズといった回路は未使用な状態ですから、まずはその回路を作動させることから始めましょう。

◉あなたのスキルを買ってくれる企業を見つけ出す

なぜ、私がシニアにマイクロ起業をオススメするかというと、**あなたのスキルを必要としている企業が山ほどある**からです。

昨今、経済安保の側面からも半導体業界が注目されていますが、欧米韓台に抜かれ、台頭する中国に危機感を持ちつつも、そこに立ちはだかる最大の問題は、日本人技術者の高齢化だったりします。

かつて、韓国メーカーが日本人技術者を高額なギャラで引っこ抜き、優秀な若手韓国人技術者をつけて技術を吸収していったように、中国企業や大学、研究機関でも同じような事態が起きているかもしれません。

そうした技術やスキルを国内で若手に継承するというニーズは半導体ばかりでなく、中核産業すべてで求められているはずです。

技術分野だけでなく、少子高齢化は全産業のスキル継承を難しくしていますので、そこには顕在的にも、潜在的にも巨大マーケットが存在しているはずです。

仮に、あなたのスキルを「待ってました!」とばかりに導入してくれる企業が3%あったとすれば、そうした企業にいかに早くアプローチするか、だけの問題になります。逆に、あなたのスキルをまったく必要としていない企業が30%あったとして、その層にアプローチし続ければ、立ち行かなくなるのは時間の問題です。

問題の本質は、そこなのです。

あなたの強みの偏差値が70台だったとしても、結果は同じです。

あなたを必要としているターゲット企業を間違えて、もしくはターゲット企業という発想がなくて、プロダクトアウト的にビジネスを始めてしまって失敗した例は、枚挙にいとまがありません。


あなたのスキルの高さよりも、スキルを「待ってました！」とばかりに買ってくれる企業をいかに見つけ出すかのターゲティングのほうが、よっぽど重要なのです。

なので、相対的な強みがバンバン出やすいように偏差値52・5としたわけです。

さあ、あなたのスキルのマネタイズをしよう！

起業、士業のスタートアップは営業力が勝負！

起業でも、士業でも、軌道に乗せられるかどうかは、むしろ顧客が開拓できるかの営業力次第！まずは、ベースとなる仕事を確保しよう。

◉顧客開拓ができずに起業を諦めるのは機会損失

これはシニア起業やマイクロ起業に限ったことではないのですが、士業を含めてスタートアップ時に離陸できるか否か、1年後、2年後に事業が存続していられるかどうかは、どれだけの取引先を開拓できたかで決まります。

そう、**起業時には、取引先開拓のための営業力が物を言う**のです。

営業といっても、厳密に言うと、ルートセールスやアカウント営業のように100の取引をどうやって105にするかという営業ではなく、0から1をつくり出す新規開拓営業になります。

せっかく素晴らしいキャリアや非凡なスキルを持ちながら、顧客開拓ができずに離陸できなかったり、最初から顧客開拓ができないだろうと見越して起業を諦めてしまったりする人が、どれだけ多いことか……。

これは、機会損失です。

逆に営業力しかなかった私だからこそ、どれだけそれが「もったいない」ことなのかを実感しているのです。

さて、新規開拓営業というと、ドブ板営業を思い浮かべてしまうかもしれませんが、それができれば鬼に金棒ではあるものの、どんな事業で起業するかによって、新規開拓の方法も異なります。いずれにしても、方法さえ知ってしまえば新入社員でもできるレベルの実務なので、心配無用です。

その程度のことなら自分でもできそうだ、と気づくに違いありません。

あるいは、来る日も来る日も新規開拓の電話がけ（テレアポ）ばかりではつらい、と思うかもしれませんが、ホント最初だけです。

しかも、サラリーマン時代とは違って、そのテレアポで獲得したアポイントから案件化し、仕事を受注したとなると、その受注金額がすべて自分のものになるので、張り合いがまるで違います。

例えば、客単価300万円の仕事を始めたとすると、テレアポというのは「自分自身や自分が提供する仕事に価値を感じてくれる人」を探す「人探し」が仕事になります。単なる〝かったるい〟単純作業ではないのです。

そうした顧客を10社開拓できたとすると売上は3000万円になりますので、モチベーションがサラリーマン時代とは別次元のものになるのです。

やればやっただけ、すべて自分だけの収入で、しかも必要経費も認められていますから、仕事用のクルマがメルセデスでもBMWでも経費になりますし、接待でどんな料亭に行こうが、こちらも経費です。そういえば、ゴルフでご一緒する社長たちのクルマは、みんなポルシェやメルセデスです。

◉創業時の顧客開拓でテレアポ以上の得策はない

念のため、「インターネット全盛の時代に、いまさら時代遅れのテレアポはないでしょう」と反射神経的に引いてしまった人もいるかと思いますが、残念ながら、1人起業の顧客開拓でテレアポ以上に成果を上げた方法は「ない」のです。

もちろん、紹介と前職時代からの顧客は別ですが、**ホームページやメルマガ、SNSで法人客を開拓するには、かなりのブランド力が必要になる**ということは知っておきましょう。そこは競争も激しいですし。

正直、著書やネット記事をきっかけに数千万円の仕事を獲得したこともありますが、それは創業時ではありませんでしたし、著書やネット記事のチャンスをつかむ難易度のほうが高かったりします。

テレアポや紹介依頼、手紙やメールが能動的な新規顧客開拓営業だとすれば、ホームページやSNS、ネット広告からリード（見込み客）を獲得する営業は、受動的な営業となります。

費用対効果を考えると営業効率は桁違いに前者になるので、精神的にも経済的にも負担のかからない効果の上がる秘策を後ろの項で紹介していきます。

POINT

スタートアップ時の営業は、自分自身や自分が提供する仕事に価値を感じてくれる人を探す「人探し」。

05 誰かを頼っても、何かに登録しても、確率的に仕事は回ってこない……

シニアのマイクロ起業においては、軌道に乗せてからはともかく、顧客の反応を直に受け止めて軌道修正ができるメリットも含めて、まずは自分で営業もやる！

◉集客や顧客開拓を人任せにしない

起業したにもかかわらず、そのまま失敗してしまうか、何とか離陸の目途が立つかどうかは、**起業直後にどれだけ取引先を開拓できたかで決まります。**

マイクロ起業の失敗組と成功組の違いをもう少し細かく分析してみると、やはり自分自身で新規顧客開拓をできた人が生き残っているのが現実です。

何らかのグループに属していれば仕事が回ってくるとか、何かに登録しておけば定期的に仕事が来るという仕組みもないことはないのですが、そうしたビジネスは下請けや低価格の仕事が多いので、起業してまでやる価値があるかどうかを見極めてほしいと思います。

もちろん、あなたのキャリアやスキルに希少価値があって、競合もほとんどないなら、集客力のある仕組みに乗っても仕事が回ってくる確率は高くなるでしょう。

しかし、最初から希少価値があると分かっているなら、マイクロ起業の場合は集客や顧客開拓を人任せにしないで自分でやったほうが、よっぽど儲かります。

一方、キャリアやスキルが希少価値ほどではない場合は、何かに登録したとしても、仕事が回ってくる確率は、その大元の組織の顧客数、売上と登録者の数での確率となってしまいます。

分かりやすいのは、企業研修の講師ですが、大元の研修会社の年商が10億円で、登録している研修講師が1000名いたとすると、単純計算しても確率的には年間100万円にしかなりません。

しかも、現実はパレート最適（資源が無駄なく配分された状態）の80：20の法則ではありませんが、1000名中の200名で8億円、800名で2億円とかの分布になっているだろうと推測されます。

要は、人気講師に仕事が集中するか、レギュラー研修の講師はすでに決まっているということです。

結局、仕事を得るために何らかの組織に加入するとか、登録するというのは、生命線である顧客開拓を人任せにすることになりますので、自身でコントロールできないことから、マイクロ起業ではオススメできません。

あるいは、顧客開拓を特定の誰かや企業に依存することも、同様に避けてほしいと思います。

シニア起業でないなら、業種によっては代理店を用いて拡販したほうが短期間に売上が上がったり、ローコストで全国展開が図れたりするメリットもあります。

しかし、シニアのマイクロ起業においては、軌道に乗せてからはともかく、顧客の反応を直に受け止めて軌道修正ができるメリットも含めて、まずは自分で営業もやってほしいと思います。

◉営業力もコミュニケーション力もなくて大丈夫

営業とは無縁のキャリアだから、「営業なんてできない」「何から始めていいか分からない」と、ハードルの高さを感じる人もいるでしょう。

そうした人にハッキリと伝えたいと思います。

「まったく問題ありません」と。なぜなら、シニアのマイクロ起業における新規顧客開拓は、一般的な企業の営業とは異なり、もっとずっとシンプルで、売上も自身の食い扶持さえ稼げればいいからです。

もっと言えば、営業力もコミュニケーション力もなくて大丈夫ですし、気合と根性も必要条件ではありません。

一番重要なのは、どんな企業の、どんな部門の、どんな役職の人が、あなたのスキルを必要としているかを探し出すことです。

それが売上100億円程度のメーカーであれば、そのオーナー社長に手紙を出し続け、時には電話をしてみるという活動です。

そこから年間600万円の業務を受注、そうした企業を2社、3社と増やしていくイメージです。新規開拓はリスト、どういう会社の誰にアプローチするかで成果は決まってしまいます。そうしたアプローチを続けるなかで、あなたと気の合う人を見つけ出せれば、案件化、受注の確率は高まるでしょう。

もちろん、会社員時代の人脈や取引先、かつての取引先であなたのことを評価している人がいて、その人に決裁権があるなら、それは最強のカードとなるでしょうから、そこからアプローチするのも手です。

なかには、そうした人脈営業は「ご祝儀」要素が含まれていて実力を反映していないからと、あえて新規顧客を開拓し、自信をつけてから営業に行くという人もいます。

先に行くか後に行くか、だけの違いで、結局は営業には行くのですが、背に腹は代えられない現実もありますので、そのあたりは柔軟に対応してほしいと思います。

POINT

営業というより、どんな企業の、どんな役職の人が、あなたのスキルを必要としているかを探し出す！

06 アタックリストとホームページと営業トーク

世の中の企業の2・5〜3%は、あなたのスキルを「待ってました！」とばかりに導入してくれる。重要なのは、それがどこの企業の誰なのかを探し出すターゲティングに尽きる。新規顧客開拓は、そのアタックリスト作成から始まる。

◉ネット上からリストのベースとなる情報源を入手

いわゆる「営業の強い会社」は、新規顧客開拓の成否は「リスト」で決まるということを知っています。

なので、顧客の属性と自社の商品特性とのマッチングから、どういう属性や課題を持った企業からの受注確率が高いかを推測して、優先順位を決めて見込み客にアプローチしていきます。

要は、あなたのスキルやあなたが提供しようとするサービスを「待ってました！」とばかりに導入してくれるであろう企業のリストの作成からスタートします。

あなたが展開しようとするビジネスの見込み客が大手企業なのか、中堅企業なのか、中小企業なのかで、アタックリスト作成のための大元の情報源は異なってきますが、今や簡単にネットから探し出すことができます。

大手企業の場合、連綿(れんめん)と使われてきたのが就活用の媒体で、そのほか、四季報や図書館で信用調査会社の会社年鑑なども使われてきました。

各業界団体の名簿も大きな図書館にはあることが多いですし、ネットから入手することも可能です。

インターネット社会となった今は、ネット上から簡単にリストのベースとなる情報源を見つけることができますし、その**「企業名」に「部署名」「部長」を加えて検索すれば、簡単にキーパーソンの実名を把握できます。**

そのキーパーソンに電話をかけるなり、直筆の手紙や営業資料を送付したうえで電話をかけるなどして、最初のアポイントを取りつけることからスタートしてほしいと思います。

ただ、アポイントを頂くためのテレアポに慣れていなかったり、それを躊躇する理由があるなら、セミナーなどを企画して、SNSで集客したり、セミナーをフックに集客の電話をかける手がオススメです。

ちなみに、SNSで何かを告知したり、テレアポやセミナー告知の連絡をするにしても、仮に相手が興味を持ったら、ネットで検索をかけたりすることが多いので、魅力的なホームページは持っておきたいものです。

◉コネや紹介は最強の営業ツール

もちろん、このようなアタックリストは、会社員時代にまったく関係のなかった新規の会社でも構わないのですが、**かつて一緒に仕事をしたとか、あなたのことを評価してくれている企業があれば、桁違いの受注率となります。**コネや紹介は最強の営業ツールと言えるでしょう。

なので、売上確保のために、人間関係のあった企業やコネ、紹介のある企業に最初にアプローチする手もあるのですが、まったく関係のない企業に練習がてらアタックして、慣れてから本丸のコネのある企業にアプローチする人もいます。

シニア起業ではありませんでしたが、私の場合は前者と後者のジグザグ方式で、リクルート時代に新規開拓した顧客と、ある就職媒体の上場企業版をリストとして用いました。

起業した年に開拓した顧客数は9社、リクルート時代の顧客、リクルート時代の人間関係からの受注は合わせて6社、ビジネススクールの同級生からの紹介が1社、就活媒体をリストにした新規の受注は2社でした。

客単価の高いビジネスでしたので、この社数で軌道に乗りましたが、その後は新規の会社をコンスタントに増やしていきました。

◉ビジネスを訴求するトークの作り方の基本

さて、ここまでアタックリストについて解説してきましたが、次はターゲットに対して、あなたのビジネスを訴求するトークです。

トークの作り方の基本は、**相手があなたの商品やサービスに興味・関心を持ってくれるような訴求するワードを掛け算すること**です。

かつての私の例を紹介すると、

- リクルートトップセールス
- MBAのメソッドで売れる方法を体系化
- オーダーメイドで御社のオリジナルケースや研修プログラムを作成

といった具合に、「リクルート×MBA×オーダーメイド」という3つのキーワードの掛け算で営業トークを作成しました。

受注率は20%弱でしたので、10社にアプローチすれば、2社からは受注できました。

この要領で、あなたの提供する商品やサービスの訴求ポイントをキーワード化してみてください。

POINT
▼
起業時の最初の売上は、アタックリストで決まる！

あなた自身が商品

「あなた」という商品で、
相手の期待値を超える何らかの「プラスの兆し」を与えられれば、
必ず軌道に乗せることができる！

◉相手のオメガネに適わなければ、次回はない

シニアのマイクロ起業の場合は、どんなビジネスを展開するにしろ、立ち上げ時は「あなた自身」が商品になります。

顧客は商品やサービスもさることながら、まずは「あなた自身」のキャリア、人となりが信頼に値するかどうかを値踏みしているのです。

その第一段階の関門を越えることができれば、次に提案機会や見積機会を得ることができますが、相手のオメガネに適うことができなければ、次回はありません。

営業の世界で言うところの「二回目訪問ができない」という現象ですが、要は「もう、時間を割いて会うまでの価値がない」という評価です。

ですので、一回だけのチャンスで、「この人には何かある」というプラスの兆しを与えられるよう徹底的に練習し、相手の業界、企業のことを調べ上げてほしいのです。

そのために必ず実行してほしいのは、何でもいいので、相手の期待値を超える何かを実感してもらうこと。

それは情報提供でもいいですし、何かのアドバイス、示唆でもいいので、「この人に依頼すると何らかのプラスが得られる」と感じてもらうことです。

その心がけが、あなたの未来を変えてくれるでしょう。

◉「手を抜くか、本気になるか」の差が死活問題に

こんなことがありました。近くの有人洗車場での体験ですが、2000円程度の料金にもかかわらず、一番気になっていたホイールの汚れを、時間をかけて一本、一本、丁寧に手で下洗いし、ボディ洗いもふき取りも、それは、それは、丁寧に仕上げてくれたのです。

完全にこちらの期待値をはるかに上回っていたので感動し、「飲み物代」と言ってチップ1000円を手渡しましたが、相手はちょっとビックリしたようでした。

これは都内の出来事でしたが、伊豆で高級旅館「水鞠（みずまり）」を経営する友人も南伊東のガソリンスタンドでまったく同じ経験をしたようで、「仕事は手を抜こうと思えば、どこまでも抜くことができる。逆に本気になれば、人を感動させると実感。クルマ

だけでなく心も洗われた。こういうサービスパーソンが報われる世界を！」と感動していました。

分かりやすいように洗車の例を挙げましたが、あなたがどのようなビジネスを始めたとしても、このように**相手の期待値を超えることができれば、ダイレクトに仕事につながります。**

給与生活者時代と違うのは、「手を抜こうが本気になろうが、成果を上げようが上げまいが、給料はほとんど同じ」ではないことです。

逆に、その差が死活問題になるのです。

つまりは、顧客に認められて会社員時代の数倍の収入を得るようになるか、仕事にありつくことができずに時給１２００円程度の世界に戻るか、という明暗です。

◉相手の期待値を超えることに焦点を

これから起業されようとしている人に「手を抜くな」と「釈迦（しゃか）に説法」をしたいのではなく、伝えたいのは、とにかく相手の期待値をちょっとでも超えることに焦点を当てれば、最短で軌道に乗せることができるというセオリーです。

実はマイクロ起業においては、ここが非常に重要で、あなたがやろうとしているビジネスの商品やサービスの競合品があったとすると、そこで差別化してほしいのです。

オンリーワン商品、オンリーワンサービスの実現といっても、相手の期待値に適うか、超えていなければ、商談のテーブルには乗ることさえできません。

見込み客が「あなたから買いたい」「あなたと一緒に仕事がしたい」と思うにはどう処せばいいのか、何をすればいいのか、ここを徹底的に掘り下げましょう。

そして一番大事なことですが、「その自信がない」と思う必要はまったくありません。なぜなら、相手の期待値に適うか適わないかを判断するのは相手であって、あなたではないので、あなたが自信を持っていようが自信がなかろうが、関係ないからです。

「自信がない」というのは、行動に対するブレーキ役になってしまうので、単なる弊害にしかなりません。

どうせ、やってみなければ分からないし、評価するのは相手なのですから、ここは根拠のない自信を持って進めるくらいで、ちょうどいいのです。

POINT

とにかく相手の期待値をちょっとでも超える方法をＴｈｉｎｋ，Ｔｈｉｎｋ，Ｔｈｉｎｋ．

08

弱系営業力とは

「シニア起業の成否は、仕事を取ってくる営業力で決まる」と言われたところで、営業なんてやったこともないし、やりたくもない……。でも大丈夫！　弱系営業力もある！

◉「できない」「やりたくもない」と思う人に

起業に関して興味を持っていたとしても、「営業や新規顧客開拓が必要なら、起業なんてしなくていい」と思ってしまう人も少なくないでしょう。

少なくないどころか、「営業会社の元トップセールスじゃあるまいし、そんな新規顧客開拓やテレアポなんてやったこともないし、やりたくもない」と考える人のほうがよっぽど多いに違いありません。

もちろん、「できない」「やりたくもない」人に、テレアポや飛び込み営業を強要するつもりはありません。

本心としては、そういう人が最初だけでも営業をやると成果が出やすいことを私は知っているので、無理強いしたい気持ちもありますが、別の方法もありますので安心してください。それらを総称して「弱系営業力」とし、ざっくり3つほど紹介したいと思いますので、そちらがご希望の方は参考にしてください。

念のため「弱系」というのは、英語の発音の「弱系」から来ています。例えば、「Should have」を「シュッドハブ」ではなく「シュダブ」、「of」を「オブ」ではなく「ブ」と言うように。

●自分を支持してくれる人に顧客の紹介を依頼

まずは最初の弱系営業は、「営業力がないなら、人間関係でカバー」という方法です。「100名の知り合いより、1人の圧倒的支持者がいるほうが成功しやすい」といわれるように、あなたを支持してくれる人に顧客の紹介を依頼しましょう。

正直、「紹介を依頼するなんて、相手に負担をかけるので気が進まない」と思う人もいるはずです。

しかし、ここはあなたの人生の一世一代の大勝負なのですから、あなたを応援してくれる人には頼らせてもらいましょう。軌道に乗せてから、お礼をすればいいじゃないですか。

さらに言えば、圧倒的支持者ではなくても、あなたのことを支持してくれそうな人には頼るべきです。

直接的に仕事で関わった人でなくても、あなたのことを遠くで見ていて評価してくれている人もいるものです。

過去の信頼残高のすべてを投入して、勝負に臨むことをオススメします。

◉情報発信だけでなく動画配信なども

二つ目の方法は、ホームページやSNSを用いた情報発信で勝負するケースです。希少性のある技術やスキルはSEO（検索エンジンの最適化）対策のコストをかけなくても、問い合わせが来るケースもあります。

ただし、この方法は希少性がないと検索エンジンには引っかからないので、その場合は定期的に情報発信することが必要です。また、情報発信だけでなく動画配信なども業種によっては効果があります。

プレイヤーの数が限られている小さな業界であればあるほど、ホームページやSNSを用いた情報発信からの問い合わせの確率は圧倒的に高くなります。

逆に、大手、中堅、中小様々なライバルがいる業界では、資金力に富む先行者がSEO対策のコストを投入しているので、問い合わせには何かの売り込みの連絡しか来ないといった結末になりがちです。

◉かつて担当していた業務を独立起業して行う

最後は、仕組みで対応する方法です。例えば、退職前に話をつけておいて、出身企業やかつての取引先で担当していた業務をそのまま独立起業して行う仕組みであれば、最初から顧客開拓の必要などありません。

この場合、担当していた業務だけでなく、新しい業務を提案する方法も当然アリです。企業にとっても将来の成長分野でないノンコア業務であっても、顧客が継続していて撤退もできない分野がある場合が少なくありません。選択と集中にあぶれてしまった業務を、それらに精通したＯＢ、ＯＧ企業にアウトソースするのは理に適っています。

また、仕組みという意味では、ネット上でダウンロードすればおしまいというビジネスもあれば、ＢｔｏＢ関連のＥＣサイトなどもありますし、ターゲットにサンプルを送付し、そこから引き合い、見積り——と展開する方法もあります。

「弱系営業力」が55歳以降のキャリアを救う可能性が高いので、選択肢として考えてみてください。

3種類の弱系営業力の何かを使って、シニアのマイクロ起業をしよう！

09 「太客」を探せ！

シニア起業だからこそ「うるさくて儲からない顧客」を回避し、まずは、あなたの会社の収益に多大な貢献をしてくれる太っ腹な顧客、「太客」を探そう！

◉最初だからこそ、顧客を選別する

「太客（ふときゃく）」とは元々、水商売でいうところの「太っ腹な客」のことです。お行儀の良い表現とは言えないかもしれませんが、シニア起業においても「太客」の有無は、その後の浮沈を左右する可能性があります。

もっとダイレクトに表現するなら「太客」とは、**自社の収益に多大な貢献をしてくれる顧客**のことです。

ＢtoＢの世界でも、「太客」は存在します。多くはオーナー企業のオーナーである場合が多いのですが、プライム上場企業や中堅企業の部長クラスでも決裁権の範囲内、予算の範囲内で「いいものはいい」と自分の判断で決めてくれる管理職がいるのです。

いわゆる、「自分で意思決定できる」人です。

起業時にこうした顧客を複数社受注できれば、会社を軌道に乗せることができるはずです。

オーナーに気に入られて、サラリーマン時代のピーク時の年収をコンサルティング料として得ていた人を私は何人も知っていますが、たった1社で創業した会社を回せるほどの金額でした。

正直、起業時は、この「太客」探しに終始してもいいくらいに思っています。

それが会社を軌道に乗せるベストな方法と言ったら言い過ぎかもしれませんが、確実な方法の一つであることには間違いありません。

ついでに共有しておくと、世の中にはこうした「太客」とは真逆の、業界用語で言うところの「うるさくて儲からない客」が存在します。

これは組織人である時も同じですが、世の中には運をくれる顧客と運を奪う顧客がいます。

大きな組織で、多くの顧客を抱えている場合は、「うるさくて儲からない客」でも仕方なく付き合わなければならない事情やしがらみがありますが、マイクロ起業の場合、最初にこうした顧客をつかんでしまうと、離陸しないうちに疲弊してしまうリスクもあります。

起業時は「顧客を選ぶ」なんて贅沢は言っていられないと思いがちですが、起業時だからこそ、付き合いたい顧客と、できれば付き合いたくない顧客に選り分けて対応することが重要です。

背に腹は代えられない現実があっても、その足元を見る顧客は少なくありませんので、違和感を持つ見込み客からは、理由を見つけてフェードアウトするに限ります。

要は、最初だからこそ「顧客を選別する」ことが重要なのです。

◉身近な人脈のキーパーソンを大切にしておく

そのためには、**最初から「やらないルール」を決めておく**のがオススメです。

例えば、東京でシニア起業したNさんは、「国や自治体の仕事は受けない。地方の仕事は受けない」といった「やらないルール」を決めていました。

国や自治体の仕事をしていると信用力はつきそうですが、低予算なうえに、ほとんどが入札となるので、儲からないからだというのです。

また、地方企業は移動のコストがかかるうえに、東京と比較すると予算規模が小さいので、東京の企業に集中すべきという判断だったからだそうです。

支払いリスク、与信のリスクから「大手企業の仕事しかしない」「中小企業の仕事は会社員時代の顧客か紹介以外は受けない」というのもよくあるルールですし、振り回されないように「下請けの仕事はやらない」というのも賢いルールに違いありません。

こうして、「やらないルール」に則り、「うるさくて儲からない客」を排除しつつ、太客候補を探すのです。

結果論としては「ご縁」とか「運」と振り返られることが多いのですが、能動的にトップアプローチをして開拓する場合もあれば、知人の人づてとか紹介とか、ゴルフで一緒にプレイして仕事が広がるケースも多いので、身近な人脈のキーパーソン的な人を大切にしておきましょう。

POINT

あなたのことを待っている「太客」が必ず存在する！　ぜひ、探し出そう！

10

「何をやるか」「どのようにやるか」で起業は決まる

シニア起業を軌道に乗せることができるか、成功させることができるかは、「何をやるか」「どのようにやるか」の2点に絞られる！

◎「起業のリスクは高い」という先入観を捨てよう

この章の冒頭で、「起業を望ましい職業選択」と考える人の割合は、中国、米国、英国、ドイツ、日本で、それぞれ79・3％、67・9％、56・4％、53・6％、24・6％だという話をしました。日本の数字が極端に低いのは、「安定志向」や、失敗を恐れる「恥の文化」も影響しているのかもしれません。

「晩節を汚す」ではありませんが、シニア起業で失敗して、最後の最後ですべてを失うようなリスクを冒したくないというのも、もっともな感情に違いありません。「起業に失敗した」と周りからカッコ悪く思われたくもないし……。

しかし、「起業で失敗したらイヤ」という感情は、実はフワッとした「漠然とした不安」なのではないでしょうか。

「起業のリスクは高い」は、いわゆる「過度な一般化」で大雑把すぎて、必ずしも真実とは限りません。

「起業のリスクは高い」という先入観の前に、**せめてリスクは「何をやるかによる」という真実、合理的判断をしてほしい**と思います。

シニア起業を軌道に乗せることができるか、成功させることができるかは、「何をやるか」「どのようにやるか」の2点に絞られるに違いありません。

「どのようにやるか」については試行錯誤で、その都度、臨機応変に対応していくのでしょうから、重要なのは「何をやるか」で、8割程度のウエイトを占めているのではないでしょうか。「何をやるか」がズレてしまっていると、いくら「どのようにやるか」で試行錯誤を繰り返しても成果は出ません。

一方、「何をやるか」が「こういうサービスを待っていた」とばかりに市場や見込み客から評価されれば、「どのようにやるか」は少し的から外れていても、成果が出るのです。

なので、「何をやるか」「どのようにやるか」の熟慮も計画もなしに「起業のリスクは高い」と先入観で判断してしまうのは、迷信を信じてしまうようなもので、合理的な判断とは言えません。

もったいないことだとも思います。ホントはやれば成功できたはずなのに、やる前の検討すらしないのは……。

◉これまでの経験、知見を活かして、何をやる？

もちろん、「何をやるか」のアイデアなしに起業はありえませんので、すべての定年退職予定者に起業をオススメしているわけではありません。

在職中から温めていたアイデアでもいいですし、定年後にやりたかったことでも構いませんので、「何をやるか」が明確になっている人は、その実現の可能性や継続性、競合との差別化など、勝ち目があるかどうかを客観的に分析してみましょう。

正直、「やってみなければ、分からない」のも事実です。

しかし、競争相手が多すぎて、新規参入が難しい市場というのもありますので、そこは冷静に判断したいものです。何とかなりそうと判断できるなら、ぜひ、次に「どのようにやるか」を練りこんでください。あらかじめ、「うまくいかないケース」を想定し、その要因、対処策を含めて、「どのように対処するか」をあらかじめ考察しておくと、試行錯誤のサイクルがうまく回り始めるでしょう。

ＣｈａｔＧＰＴに代表される対話型ＡＩが産業革命をもたらしつつある現在、ビジネスの新旧交代、新陳代謝が急激に進行するでしょう。

様々な新旧分野でビジネスチャンスが生まれるなか、あなたはこれまでの経験、知見を